Hay alternativas

Vicenç Navarro, Juan Torres López
y Alberto Garzón Espinosa

Hay alternativas

Propuestas para crear empleo
y bienestar social en España

sequitur

ATTAC España

sequitur [sic: *sékwitur*]:
Tercera persona del presente indicativo del verbo latino *sequor*:
procede, prosigue, resulta, sigue.
Inferencia que se deduce de las premisas:
secuencia conforme, movimiento acorde, dinámica en cauce.

Diseño cubierta: Miguel Vagalume
www.miguelvagalume.com

primera edición: octubre 2011
undécima edición: septiembre 2012

ISBN: 978-84-95363-94-7
Depósito legal: Z-3898-2011

Impreso en España

A todas las personas, y especialmente a las más jóvenes,
que a partir del 15M han salido a las calles
para rechazar las políticas neoliberales que recortan los
derechos sociales y para reclamar otras medidas alternativas
y más justas para salir de la crisis

Vicenç Navarro
(www.vnavarro.org; Twitter: @VicencNavarro) politólogo y economista, es catedrático de Ciencias Políticas y Políticas Públicas de la Universidad Pompeu Fabra de Barcelona y ha sido catedrático de Economía Aplicada de la Universidad de Barcelona y de la Complutense de Madrid. Exilado por motivos políticos es y ha sido Profesor de Políticas Públicas de la The Johns Hopkins University de EEUU durante 40 años. Autor de veintiocho libros traducidos a varios idiomas, es uno de los científicos sociales españoles más citados en la literatura científica internacional.

Juan Torres López
(www.juantorreslopez.com; Twitter: @juantorreslopez) es catedrático de Economía Aplicada de la Universidad de Sevilla. Ha ocupado diversos cargos de responsabilidad académica y ha sido secretario general de Universidades e Investigación de la Junta de Andalucía. Autor de numerosos artículos científicos y de divulgación económica y de una veintena de libros, además de dirigir o participar en numerosas obras colectivas como el best seller *Reacciona*.

Alberto Garzón Espinosa
(www.agarzon.net; Twitter: @agarzon) es licenciado en Economía y diplomado en Administración de Empresas y Máster en Desarrollo Económico; actualmente realiza su tesis doctoral sobre modelos de desigualdad y crecimiento. Coordina la revista digital *Economía Crítica y Crítica de la Economía*, fundada en el seno del movimiento de jóvenes economistas críticos en España. Elegido diputado por Málaga en las elecciones del 20 de noviembre de 2011 por la lista de Izquierda Unida-Los Verdes.

Índice

Prólogo

En 1978 el presidente del sindicato más poderoso de Estados Unidos, Douglas Fraser, de la federación de los trabajadores de la industria del automóvil United Auto Workers (UAW) condenó a los "dirigentes de la comunidad empresarial" por haber "escogido seguir en tal país la vía de la guerra de clases (*class war*) unilateral, una guerra de clases en contra de la clase trabajadora, de los desempleados, de los pobres, de las minorías, de los jóvenes y de los ancianos, e incluso de los sectores de las clases medias de nuestra sociedad". Fraser también los condenó por haber "roto y descartado el frágil pacto no escrito entre el mundo empresarial y el mundo del trabajo, que había existido previamente durante el periodo de crecimiento y progreso" en el periodo posterior a la Segunda Guerra Mundial conocido comúnmente como la "edad dorada" del capitalismo (de Estado).

El reconocimiento de la realidad por parte de Fraser fue acertado aunque tardío. Lo cierto es que los dirigentes empresariales y sus asociados en otros sectores de las élites dominantes estaban constantemente dedicados a una siempre presente guerra de clases, que se convirtió en unilateral, sólo en una dirección, cuando sus víctimas abandonaron tal lucha. Mientras Fraser se lamentaba el conflicto de clases se iba recrudeciendo, y desde entonces ha ido alcanzando unos enormes niveles de crueldad y salvajismo en Estados Unidos que, al ser el país más rico y poderoso del mundo y con mayor poder hegemónico desde la Segunda Guerra Mundial, se ha convertido en una ilustración significativa de una tendencia global.

Durante los últimos treinta años el crecimiento económico ha continuado −aunque no al nivel de la "edad dorada"−, pero para la gran mayoría de la población la renta disponible ha permanecido estancada mientras que la riqueza se ha ido concentrando, a un nivel abrumador, en una facción del 1 por ciento de la población, la mayoría de los ejecutivos de las grandes corporaciones, de empresas financieras y de alto riesgo, y sus asociados. Este fenómeno se ha ido repitiendo de una manera u otra a nivel mundial. China, por ejemplo, tiene una de las desigualdades más acentuadas del mundo.

Se habla mucho, hoy en día, de que por el hecho de que "Estados Unidos esté en declive" hay un cambio en las relaciones de poder a nivel global. Esto es parcialmente cierto, aunque no significa que otros poderes no puedan asumir el rol y la supremacía que ahora tiene Estados Unidos.

El mundo se está convirtiendo así en un lugar más diverso en algunos aspectos, pero más uniforme en otros. Pero en todos ellos existe un cambio real de poder: hay un desplazamiento del poder del pueblo trabajador de las distintas partes del mundo hacia una enorme concentración de poder y riqueza. La literatura económica del mundo empresarial y las consultorías a los inversores súper ricos señalan que el sistema mundial se está dividiendo en dos bloques: la plutocracia, un grupo muy importante, con enormes riquezas, y el resto, en una sociedad global en la cual el crecimiento −que en una gran parte es destructivo y está muy desperdiciado− beneficia a una minoría de personas extraordinariamente ricas, que dirigen el consumo de tales recursos. Y por otra parte existen los "no ricos", la enorme mayoría, referida en ocasiones como el "precariado" global, la fuerza laboral que vive de manera precaria, entre la que se incluye mil millones de personas que casi no alcanzan a sobrevivir.

Estos desarrollos no se deben a leyes de la naturaleza o a leyes económicas o a otras fuerzas impersonales, sino al resultado de decisiones específicas dentro de estructuras institucionales que los favorecen. Esto continuará, a no ser que estas decisiones y planes se reviertan mediante acción y movilizaciones populares con compromisos dedicados a programas que abarquen desde remedios factibles a corto plazo hasta otras propuestas a más largo plazo que cuestionen la autoridad ilegítima y las instituciones opresivas entre las que reside el poder. Es importante, por lo tanto, acentuar que hay alternativas.

Las movilizaciones del 15M son una ilustración inspiradora que muestra qué es lo que puede y debe hacerse para no continuar la marcha que nos está llevando a un abismo, a un mundo que debería horrorizar a todas las personas decentes, que será incluso más opresivo que la realidad existente hoy en día.

NOAM CHOMSKY
Boston, agosto 2011

Introducción

Semanas antes de que termináramos de escribir este libro el presidente de la Comisión Europea, José Manuel Durão Barroso, afirmaba refiriéndose a la situación en la que se encontraba Grecia: "No hay alternativas ni plan B para Grecia. La alternativa es la catástrofe".

Siempre dicen lo mismo: sólo se puede hacer lo que digan quienes están en el poder. Y cuando también insisten tanto en que la alternativa es el desastre, la catástrofe, como dice Barroso, ¿a quién puede extrañar que la gente normal y corriente, que se informa leyendo sus diarios o viendo los telediarios en sus televisores, termine sintiendo miedo y acepte sin rechistar esa "única" alternativa?

Una única alternativa que siempre viene a ser lo mismo: recortar salarios (directos, indirectos en forma de gasto social o diferidos como pensiones). Cuando la economía va bien, diciendo que es para que no vaya mal y, cuando va mal, para que vaya bien.

Los autores de este libro, como otros muchos científicos, sabemos que los argumentos que los políticos y los economistas neoliberales dan para justificar lo que proponen son falsos.

Sabemos que hay alternativas, que se pueden hacer otras cosas distintas a las que proponen la patronal, los banqueros, los directivos de los bancos centrales y los políticos que comparten con ellos la ideología neoliberal.

Lo sabemos sencillamente porque leemos, porque no recurrimos sólo a las investigaciones de quienes se dedican a reforzar el pensamiento dominante sin tener en cuenta los trabajos científicos que demuestran lo contrario. Por eso sabemos que se puede crear empleo impulsando la actividad económica y no frenándola, como quieren hacer los neoliberales. Por eso sabemos que para hacer frente a la deuda pública es mejor proporcionar a los países capacidad para generar ingresos propios y no quitársela porque entonces lo que se producirá será más deuda, como ha pasado siempre y como va a ocurrir en Europa con las medidas neoliberales que se están aplicando.

Nosotros sabemos que hay alternativas, es decir, que se pueden hacer otro tipo de políticas simplemente porque eso es lo que demuestra la literatura científica, por mucho que se quiera ocultar por parte de los neoliberales.

Y sabemos también que las medidas que proponemos pueden ser más exitosas que las que proponen los neoliberales, en primer lugar porque el *éxito* de estas últimas es evidente si tenemos en cuenta la crisis a la que nos ha llevado su aplicación en los últimos años, o el tremendo nivel de insatisfacción que hay en España, donde nada menos que el 78 por ciento de la población no está de acuerdo con las políticas de austeridad; en la Unión Europea, donde el 68 por ciento de la población no está satisfecha con la manera como se está construyendo esta institución, y muestra también desacuerdo con las políticas que se están llevando a cabo; y en el mundo, donde el 50 por ciento de los trabajadores gana menos de 2 dólares y no tiene ningún tipo de contrato ni de protección social, en donde hay 1.100 millones de hambrientos y casi 2.000 millones en situación de extrema pobreza.

Y en segundo lugar porque es fácil comprobar que las propuestas que hacen los neoliberales no responden a verdades científicas o evidencias empíricas sino a creencias puramente ideológicas que, en muchas ocasiones, incluso chocan, como veremos, con el sentido común más elemental.

Si fuera verdad que las medidas neoliberales consiguen realmente lo que dicen que van a conseguir, se permitiría su discusión abierta y plural porque sus defensores podrían demostrar de forma fehaciente que bajar salarios o reducir el gasto social aumenta el empleo, o que privatizar las pensiones o los servicios públicos aumenta su cobertura y calidad, como dicen.

Lo que hacen, sin embargo, es imponerlas sin respetar las preferencias sociales, sin que haya un auténtico debate democrático sobre ellas. Evitan el debate y las imponen como si fueran directrices técnicas inapelables porque saben que no es cierto lo que mantienen, que nada de lo que afirman se puede demostrar. La realidad muestra sin ningún tipo de dudas que cuando se han aplicado las medidas que ahora nos están proponiendo siempre ha bajado la calidad de vida, del trabajo y la cantidad de empleo existente y que sólo han mejorado los beneficios de los banqueros y de las grandes empresas.

Y todo esto es lo que hemos querido desvelar con este libro a nuestros lectores.

Lo escribimos, pues, con el propósito de divulgar la falsedad en que se basa esa idea tan difundida de que no hay alternativas, para demostrar que sí las hay y que, además, son más eficaces para salir de la situación en la que nos encontramos, para crear empleo decente y estable y para generar bienestar social. Y, por supuesto, mucho más justas y humanamente satisfactorias.

No hemos pretendido hacer un libro académico, razón por la que sólo hemos aportado las referencias bibliográficas esenciales y no nos hemos extendido en los razonamientos y las demostraciones más complejas, pero los lectores y las lectoras que estén interesados en profundizar más en los temas que abordamos aquí no tendrán muchas dificultades para encontrar multitud de trabajos que confirman nuestras tesis a poco que se esfuercen por ir más allá del pensamiento ortodoxo que tanto abunda. Tampoco es, ni pretende serlo, un prontuario de soluciones o un programa político aunque lo hemos querido concluir con propuestas concretas para demostrar que no estamos hablando simplemente de generalidades, sino que hacemos un análisis del que se derivan opciones políticas que tenemos al alcance de nuestra mano si la ciudadanía se empeña en que medidas como las que proponemos se pongan en marcha.

En suma, el libro es el resultado de nuestro deseo de satisfacer una demanda muchas veces sentida cuando hemos dado en los últimos tiempos docenas de charlas, seminarios o conferencias tratando de aclarar lo que estaba pasando y de aportar soluciones, sobre todo a personas que nos escuchaban sin tener formación económica alguna. Por eso hemos procurado escribirlo, incluso cuando se refería a asuntos ásperos y complicados, con la mayor sencillez y claridad para que los pueda entender todo el mundo (algo muy despreciado, por cierto, por muchos economistas neoliberales que parecen creer que hay más rigor científico cuanto más ininteligible es el lenguaje que se utiliza).

Y finalmente nos satisface reconocer que este libro se escribe pensando de forma particular en esos miles de personas a quienes se lo hemos dedicado, a quienes desde el 15M han salido a la calle reclamando un debate realmente democrático sobre la crisis y sobre las soluciones más justas que se le pueden dar. Pero también a quienes, sin haber salido a las calles, sabemos que ven con simpatía lo que está ocurriendo porque también comparten el ideal de justicia de "los indignados" y porque —aunque todavía no hayan ido a ninguna manifestación— saben que crear más desempleo y pobreza, bajar cada vez más los sueldos, los salarios y las pensiones, permitir que miles de familias pierdan sus viviendas, dejar sin financiación y sin clientes a las pequeñas y medianas empresas o a los trabajadores autónomos, o destrozar el medio ambiente... no se puede considerar de ningún modo que sea una verdadera solución de los problemas económicos. Y que, en consecuencia, saben que es necesario poner en marcha otras políticas alternativas.

VICENÇ NAVARRO, JUAN TORRES LÓPEZ
y ALBERTO GARZÓN ESPINOSA
Barcelona y Sevilla, julio de 2011

I

Las causas de la crisis mundial

Para tratar de resolver cualquier tipo de problema hay que empezar por conocer las causas que lo han provocado. Hacer un buen diagnóstico de los males que aquejan a un paciente es el primer paso para sanarlo, e igualmente ocurre en el campo económico.

Los que afectan en estos momentos al que pretendemos explorar, la economía española, son fáciles de detectar y en realidad comunes a los que han sufrido o sufren otros muchos países como consecuencia de la crisis: un incremento extraordinario del número de personas en paro, el hundimiento de sectores enteros de la economía, la quiebra de miles de empresas o gobiernos que se han tenido que endeudar hasta niveles muy preocupantes para tratar de aliviar todo eso, entre otros.

Éstos son los problemas que tenemos que resolver pero para conseguirlo lo más importante es conocer bien sus causas.

LA GRAN RECESIÓN

A estas alturas casi todo el mundo sabe que la causa más inmediata de todo ello fue que bancos estadounidenses difundieron por todo el sistema financiero internacional, como una inversión muy atractiva y rentable, miles de productos financieros derivados de contratos hipotecarios que, cuando la economía se empezó a venir abajo, resultaron ser en realidad simple basura financiera que hizo quebrar a los bancos y a los inversores que los habían adquirido.

Cuando eso ocurrió, los bancos dejaron de conceder créditos y enseguida las empresas y los consumidores que dependen de esa financiación no pudieron seguir produciendo o comprando, lo que provocó una gran caída de la actividad económica y el aumento del paro, lo cual llegó a ser calificado como la Gran Recesión.

Los gobiernos inyectaron entonces miles de millones para salvar a los bancos creyendo que así se lograría que volvieran a dar crédito y llevaron a cabo planes de gasto multimillonarios para evitar que no cayera más el empleo y que no se siguieran cerrando empresas.

Pero bien porque fuese insuficiente, bien porque los bancos utilizaron el dinero para otra cosa, lo veremos enseguida, lo cierto es que lo único que se consiguió con ello fue aliviar o frenar un poco la parálisis económica que se había provocado pero no resolver completamente la situación.

El resultado fue que al disminuir la actividad cayó la recaudación de ingresos y que el gasto de los gobiernos se multiplicó, así que los déficits se dispararon y la deuda subió de forma acelerada. Los bancos que habían provocado la crisis aprovecharon la necesidad de financiación de los gobiernos y entonces sí les prestaron grandes cantidades, aunque a costa de imponerles condiciones draconianas a través de reformas muy profundas basadas, sobre todo, en recortar el gasto social y los salarios para que la mayor parte posible de los recursos se dirigiera a retribuirles a ellos. Y con menos gasto, es decir, con menos capacidad de compra, las empresas volvieron a resentirse y su actividad de nuevo se vino abajo, lo que empeoró el empleo y llevó a economías como las de Grecia, Irlanda o Portugal a una situación mucho peor.

LA MENTIRA DE LOS "BROTES VERDES"

La sucesión de medidas equivocadas por parte de los gobiernos o, en realidad, de medidas dirigidas principalmente a que los bancos se recuperaran sin modificar las reglas de juego que habían dado lugar a la crisis es lo que ha llevado a que ahora, algo más de tres años después de que la crisis de las hipotecas basura se iniciara, no haya seguridad de haberla superado a pesar de que hace meses todos los gobiernos engañaban a su población diciendo que aparecían "brotes verdes" y que la crisis se aproximaba a su fin.

La realidad, como muchos economistas habíamos advertido, es que ni mucho menos estábamos en esa feliz situación. Al revés, puesto que no se habían querido poner sobre la mesa de operaciones las causas reales de la crisis y, por tanto, tomar medidas que le hicieran frente, lo normal era que el enfermo siguiera padeciendo los males que sufría desde el principio, e incluso en algunos países, agravados.

Así, muchos países, empezando por el todopoderoso Estados Unidos, tienen ahora, además de los problemas originales que dieron lugar a la crisis, otros muy graves como resultado de la deuda que han generado. En el momento de escribir estas líneas algunos, como Grecia, están siendo literalmente saqueados y han tenido que poner a la venta sus riquezas más preciadas; otros, como Irlanda y Portugal, han sido intervenidos, y España o Italia se encuentran bajo la amenaza y la extorsión constantes de los "mercados", sufriendo lo que nada más y nada menos que el presidente de la Junta de Andalucía calificó hace unos meses como "terrorismo financiero".

CAUSAS SUPERFICIALES Y CAUSAS DE FONDO DE LA CRISIS

Esta historia es ya bastante bien conocida pero es insuficiente si se quiere actuar con eficacia para resolver todos los problemas que se han generado. No basta con conocer las causas más inmediatas de la crisis (los problemas financieros que la originaron) sino que hay que poner también en claro las circunstancias estructurales que dieron lugar a que estas últimas aparecieran.

Hay bastante consenso sobre la naturaleza de la crisis financiera como resultado del comportamiento irresponsable de los bancos que creó un problema económico grave al provocar el caos financiero y paralizar la economía como consecuencia de la falta de crédito y, más tarde, el de la deuda pública.

Pero hay que tener en cuenta también el más importante problema de la deuda privada, de las familias y de las empresas, como resultado del descenso de la capacidad adquisitiva de la población a consecuencia de las políticas neoliberales (llevadas a cabo desde la época iniciada por el presidente Reagan en Estados Unidos y la señora Thatcher en Gran Bretaña) que causaron un descenso continuado de las rentas del trabajo.

Estas políticas, que en Europa se intensificaron con el fin de instaurar el euro, llevaron a crear un enorme problema de falta de demanda que se resolvió primordialmente con la disponibilidad del crédito y a que las rentas del capital se invirtieran de forma preferente en las actividades especulativas en lugar de en la economía productiva.

Aunque en este libro no podemos hacerlo con mucho detalle, para poder plantear soluciones de verdad a la crisis es imprescindible que aclaremos, aunque sea muy breve y superficialmente, todas las causas que desde hace casi treinta años vienen creando la situación económica, política y social en la que estamos y que hace inevitable que se produzcan crisis como la que estamos sufriendo.[1]

---

1. Para un análisis más detallado pueden consultarse los libros de Juan Torres López y Alberto Garzón Espinosa, *La crisis de las hipotecas basura. ¿Por qué se cayó todo y no se ha hundido nada?*, Sequitur, Madrid, 2010; Lina Gálvez Muñoz y Juan Torres López, *Desiguales. Mujeres y hombres en la crisis financiera*, Icaria, Barcelona, 2010; Vicenç Navarro, *Neoliberalismo y Estado del Bienestar*, Ariel Económica, 1997; Vicenç Navarro, *Globalización, poder político y Estado del Bienestar*, Ariel Económica, 2000.

La debacle financiera

A lo largo de la década de 1990 la masa salarial venía bajando en Estados Unidos a pesar del aumento de la población activa y eso estaba creando un problema grave de escasa demanda que se hizo especialmente peligroso después de los atentados de septiembre de 2001. La reducción de la masa salarial como porcentaje de la renta nacional (y ello a pesar del crecimiento de la población activa) estaba creando un problema grave de escasa demanda, resultado de la disminución de la capacidad adquisitiva de la población. Las autoridades económicas de Estados Unidos pusieron en marcha una política de tipos de interés bajos para tratar de apoyar a la actividad económica y proporcionaron incentivos para que los bancos dieran préstamos hipotecarios con mayor facilidad, lo que favoreció el acceso a la financiación externa que hizo que el negocio inmobiliario comenzara a crecer. Los hogares se endeudaban para comprar sus primeras o segundas viviendas y, por tanto, los precios comenzaron a subir.

Se formó entonces lo que se conoce como una "burbuja", en este caso inmobiliaria. Es decir, una situación en la que los compradores creen que los precios de algún producto van a subir indefinidamente y que, por tanto, será muy rentable comprar pensando sólo en vender con mayor o menor rapidez. Por otra parte se crearon incentivos dentro del sistema bancario que optimizaron el número de hipotecas independientemente de su calidad.

La estafa de las hipotecas basura

El afán de ganar cada vez más dinero ofreciendo créditos por doquier llevó a los bancos a ofertar las llamadas hipotecas *subprime*, que eran las que destinaban a gente poco solvente o con pocos recursos económicos y que, por tanto, tenían mucho más riesgo de impago. En Estados Unidos se popularizaron los llamados préstamos NINJA, que corresponden a las iniciales de "No Income, No Job, No Asset" (sin ingresos, sin trabajo y sin patrimonio), que eran mucho más arriesgados, pero también más rentables para los bancos por los tipos más altos que había que pagar por ellas.

Pero los bancos ofrecían tantos créditos que empezaban a encontrarse sin liquidez para seguir dándolos y entonces recurrieron a un procedimiento que ya se había utilizado antes aunque no en tan gran medida como se iba a utilizar entonces: la titulización de los activos.[2]

Mediante este proceso el banco vende el derecho que lleva consigo el contrato de préstamo, el papel, a una entidad (normalmente un fondo de inversión) denominada "vehículo" (en general creada por los mismos bancos). De esa forma sale papel de su balance y entra liquidez (dinero contante y sonante que ya puede utilizar para seguir dando más créditos) y, además, transfiere el riesgo desde dentro hacia fuera de su balance.

Enseguida la entidad vehículo hace lo mismo: emite unos nuevos títulos (los mismos papeles que había comprado a los bancos con otros nombres) que vende a nuevos inversores. Éstos suelen ser los grandes especuladores, los llamados inversores institucionales (bancos, compañías de seguros, fondos de pensiones, fondos de inversiones, *hedge funds*[3]...), que se dedican a comprar y vender papel permanentemente, aprovechán-

2. Un activo es un bien o un derecho sobre otro sujeto que tiene una empresa: locales, maquinarias, contratos de créditos a su favor... La titulización consiste en convertir un activo no negociable en negociable y, por tanto, en poder obtener liquidez de él. Lo que hicieron los bancos que provocaron la crisis en Estados Unidos fue titulizar los contratos hipotecarios, es decir, venderlos bajo otra forma para así obtener liquidez y poder seguir dando créditos.

3. Un *hedge fund* es un fondo de inversión cuyo objetivo es la máxima rentabilidad pero con un riesgo igual o menor al del mercado, para lo cual emplean técnicas "de cobertura" que básicamente consisten en cubrir las operaciones más arriesgadas y que realizan mediante otros productos financieros vinculados con ellas. Así tejen una red multimillonaria y muy compleja en la que sólo intervienen unos pocos inversores muy poderosos pero que se extiende por toda la economía mundial.

dose de las variaciones en su precio que a veces provocan ellos mismos.

Y así se difundieron las hipotecas iniciales en forma de productos financieros derivados de ellas por todo el sistema financiero internacional.[4]

Pues bien, como las hipotecas que iban concediendo los bancos estadounidenses eran cada vez más arriesgadas y peligrosas trataron de disimular el peligro que realmente conllevaban. Para ello inventaron unos "paquetes" en donde incluían hipotecas buenas (*prime*) y otras malas (*subprime*) y en donde además empezaron a mezclar activos de diferente tipo: préstamos hipotecarios, préstamos para el consumo de coches, préstamos para estudiantes, etcétera. E incluso inventaron paquetes que contenían otros paquetes en su interior, de modo que al final nadie sabía el producto financiero que en realidad estaba comprando. Y los directores de sucursales bancarias de todo el mundo se los "colocaban" a sus clientes sin que ni siquiera ellos mismos supieran lo que les vendían.

Todo esto empezaba a ser una estafa y había que disimularla bien. Para ello los bancos convencieron a las autoridades para que relajaran la supervisión y, sobre todo, recurrieron a las llamadas agencias de calificación, que son entidades privadas contratadas por las mismas entidades bancarias emisoras de títulos para que valoren la calidad de sus emisiones.

Para apoyar el negocio fraudulento de sus clientes, las agencias no dudaron en calificar como de gran calidad financiera las

4. Mucha gente normal y corriente se pregunta cuando conoce este tipo de operaciones: pero ¿cómo es posible que estos inversores tan poderosos y ricos se dediquen a comprar simplemente papeles? La respuesta es sencilla: porque así ganan dinero. Todos hemos visto cómo en España mucha gente con dinero compraba viviendas en las que nunca entraba o que ni siquiera sabía dónde estaban. Lo que estaban haciendo entonces no era en realidad comprar *viviendas*, es decir, un espacio donde ir a vivir o a descansar y disfrutar, sino contratos de propiedad que luego vendían cuando subían de precio. Ésa es la especulación financiera que hoy día predomina en la economía mundial. Quienes sólo buscan ganar más dinero no compran cosas para disfrutarlas sino para volver a vender sus títulos de propiedad a precios más elevados.

hipotecas que ponían en circulación y eso permitió que cientos de bancos y millones de personas invirtieran en ellas o en sus productos derivados creyendo que efectivamente se trataba de una inversión segura.

EL DERRUMBE

Durante muchos años estos mecanismos financieros permitieron a los bancos tener espectaculares beneficios que repartían entre sus accionistas privados, pero la fiesta acabó cuando cambió la situación. La Reserva Federal de Estados Unidos subió los tipos, las expectativas sobre subsiguientes subidas de precios en el mercado inmobiliario se vinieron abajo, la actividad en la construcción se frenó... y la consecuencia de todo ello fue que millones de trabajadores quedaron sin empleo y que empezaron a dejar de pagar las hipotecas o préstamos que tenían suscritos con los bancos.

Cuando esto último sucedía, los productos financieros derivados de las hipotecas individuales titulizadas o de los paquetes que se habían distribuido como si fueran quesos en porciones por todo el mundo perdían de inmediato su valor porque sus activos originales (las hipotecas que se encontraban en la base de la pirámide) dejaban de proporcionar los flujos de dinero esperados cuando las familias dejaban de pagarlas.

Las entidades que habían participado en este esquema financiero comenzaron a tener pérdidas e, incluso, a declararse en bancarrota.

Además, con la explosión de la burbuja, la cartera inmobiliaria de los bancos comenzó a perder valor mientras que las deudas que habían contraído permanecían intactas. Y para colmo los bancos se vieron obligados a asumir las obligaciones de las "entidades vehículo" para evitar que quebraran porque ya no eran capaces de vender los títulos de los que disponían, puesto que los inversores cuestionaban su calidad y empezaban a tener serias dificultades para afrontar sus deudas.

Los bancos comenzaron a registrar pérdidas multimillonarias y se inició una auténtica debacle financiera.

Inicialmente fueron los bancos estadounidenses los que empezaron a sufrir pérdidas gigantescas y quiebras, pero el proceso se extendió con rapidez por todo el mundo porque las finanzas internacionales son en realidad el único aspecto de la vida económica que está completamente globalizado. Los productos derivados de las iniciales hipotecas basura (aunque en realidad los inversores no sabían lo que había en el fondo de los papeles que compraban y vendían) se habían difundido por las sucursales bancarias de todo el mundo y ahora esas inversiones empezaban a no valer nada.

LA CRISIS DE LA ECONOMÍA GLOBAL Y SUS DAÑOS COLATERALES

Cuando todo esto sucedió, los bancos empezaron a dejar de darse crédito entre ellos, bien porque se quedaron sin capital, bien porque desconfiaban unos de otros. Enseguida dejaron de darlo también a empresarios y consumidores, y eso fue lo que provocó sin remedio un auténtico desastre en las economías.

Hoy día es imposible que un empresario pueda aguantar unas semanas o meses sin financiación ajena o que los consumidores gasten en bienes y servicios duraderos sin recurrir al crédito. Y por eso la carencia de financiación que se fue generalizando hundió sin remedio los mercados, paralizó casi por completo a millones de empresas que tuvieron que despedir a trabajadores y dio lugar a que los hogares redujeran el gasto en consumo, que es al fin y al cabo de lo que viven las empresas.

Al principio había habido una crisis hipotecaria en Estados Unidos, pero enseguida se hizo financiera y global y a continuación una crisis de la actividad económica real, no sólo de la banca o los grandes inversores financieros. Y ésa fue la causa de la recesión económica que sufrieron casi todas las economías del mundo.

Para colmo esta recesión vino acompañada de otras secuelas muy graves a medida que avanzaba.

Cuando los mercados financieros y el inmobiliario comenzaron a dar muestras de flaqueza y la inversión se hacía allí excesivamente peligrosa, los capitales especulativos (que no pueden parar ni dejar de ganar dinero ni por un minuto porque les pasa lo que a los ciclistas, que si se paran se caen) cambiaron de destino: de las hipotecas y productos financieros derivados de los inmobiliarios pasaron a los del petróleo y de productos alimenticios.

Y lo mismo que antes hicieron que el precio de la vivienda se disparara, ahora incrementaron sin cesar el de la energía y el de los productos alimentarios, lo que provocó nuevos problemas a la economía real y la muerte de cientos de miles de personas que se alimentan de arroz o de los cereales básicos cuyo precio se disparaba día a día como consecuencia de la especulación.

LAS CAUSAS PROFUNDAS DE LA CRISIS

¿Cómo pudo gestarse una estafa financiera tan gigantesca? ¿Cómo se permitió que un volumen tan impresionante de recursos se destinara a la especulación mientras que la economía productiva carecía de ellos? ¿Cómo pudo llegar a quebrar una parte importante del sistema bancario internacional sin que ninguna autoridad se hubiera dado cuenta de lo que pasaba? ¿Cómo pudieron engañar los bancos a millones de inversores sin que los bancos centrales, que conocen al dedillo todo lo que hacen y lo que ocurre en su interior, hicieran nada por evitarlo? ¿Cómo se dejó sin financiación a miles de empresas que crean empleo mientras que se concedieron miles y millones de euros para salvar a los bancos? ¿Cómo se pudo dejar que Estados enteros, millones de personas quedaran desarmados ante la furia especuladora de los mercados y endeudados hasta el cuello mientras que los financieros hacían negocio con esa deuda? Éstas, y algunas más de este estilo, son las preguntas a las que hay que responder si de verdad se quiere hacer frente a la crisis económica.

Y para poder contestarlas hay que tener en cuenta los factores que tienen que ver con la economía real y con la distribución de poder económico y político que configuraron, entre otros, la distribución de las rentas y la actividad económica. De ahí que sea importante conocer varios hechos.

En primer lugar es importante entender por qué las finanzas (bancos, fondos de inversión, actividades financieras en general, etcétera) han ganado tanto poder en las últimas décadas en el mundo desarrollado y han conseguido que los poderes públicos no les pararan los pies cuando llevaban a cabo todas estas tropelías.

En segundo lugar hay que saber que en los últimos años se han llevado a cabo unas medidas no sólo económicas sino también políticas o culturales precisamente encaminadas a que los ingresos fueran cada vez en mayor medida a las manos de estos especuladores.

Y en tercer lugar es fundamental comprender el papel tan importante que ha tenido la desigualdad en la gestación de la crisis actual.

La financiarización de las economías y el papel de los bancos

La ascensión al poder en la década de 1980 de gobiernos de inspiración neoliberal (como los de Margaret Thatcher en Reino Unido y Ronald Reagan en Estados Unidos) puso fin al consenso que se había venido dando desde después de la Segunda Guerra Mundial y dio paso a políticas de naturaleza muy distinta.[5]

5. Un análisis más detallado en Juan Torres López, *Toma el dinero y corre. La globalización neoliberal del dinero y las finanzas*, Icaria, 2006; Vicenç Navarro, *Neoliberalismo y Estado del Bienestar*, Ariel, 1997.

En el campo financiero se produjo un cambio muy importante cuando en la década de 1960 se inició un incremento espectacular y desconocido hasta entonces de la cantidad de dólares circulantes en la economía. Era el inicio de un nuevo ciclo determinado por una sobreproducción que causó una bajada de rentabilidad de la economía productiva. Las multinacionales generaban cada vez más y más beneficios pero a la vez se enfrentaban a problemas de rentabilidad que desincentivaban la reinversión de esos mismos beneficios. Por tanto, buscaron la forma de invertir esos beneficios en cualquier otro negocio que no fuera la esfera productiva. Además, cuando los precios del petróleo sufrieron una impresionante subida en la década de 1970, los países productores se encontraron también con billones de dólares que no sabían dónde colocar, por lo que aumentó también con ellos la masa circulante de dólares.

Los bancos, que eran quienes principalmente manejaban esa oferta de dólares, fomentaron el recurso al crédito con tal de colocar los dólares que circulaban con extraordinaria abundancia. Obtener préstamos era fácil y barato y los bancos los daban sin ningún problema.[6]

Facilitó este cambio la revolución de las tecnologías de la información que permitió que las operaciones financieras se pudieran realizar de modo muy rápido y sin apenas costes, así que las actividades especulativas, que antes también se realizaban pero de modo mucho más pausado y limitado, ahora pudieron llevarse a cabo de forma vertiginosa.

El atractivo de dedicarse a esas actividades especulativas eran grandioso: con muy pocos medios se podían movilizar millones y millones de cualquier moneda para comprar y vender al instante y obtener en cada transacción tasas de rentabilidad mucho más elevadas que las que podía proporcionar la puesta en marcha de un negocio productivo. Y eso fue lo que

---

6. Eso también fue el origen, entre otras cosas, del problema de la deuda externa de muchos países pobres que no podemos analizar aquí y que se convirtió en un drama más tarde, cuando subieron los tipos de interés y su peso se hizo insoportable.

hizo que las operaciones financieras de simple compra y venta de papel fueran creciendo sin parar, desvinculándose cada vez más de la creación de negocios productivos, de la producción de bienes y servicios y de la creación de empleo.

Para que este nuevo negocio fuera lo más rentable posible los financieros consiguieron que los gobiernos llevaran a cabo reformas legales destinadas a garantizar la plena libertad de movimientos de los capitales y a que en los mercados financieros se pudiera hacer prácticamente cualquier cosa sin control alguno.

Mediante estas reformas se fue eliminando casi cualquier tipo de trabas a lo que pomposamente se llamaba innovación financiera y que no era otra cosa que la continua creación de activos para comprar y vender especulativamente gracias a los fondos multimillonarios que se iban acumulando. Y para ello tuvieron un papel decisivo los llamados paraísos fiscales, países que no establecen control ninguno a las operaciones que realizan los bancos y las empresas que se instalan allí para mover el dinero negro que sus clientes quieren ocultar al Fisco. Algo que hacen la práctica totalidad de los bancos y cajas de ahorros españoles y el 80 por ciento de nuestras grandes empresas.

Todo eso aumentó el volumen de dinero que circula simplemente alrededor de las operaciones financieras y que hoy día se calcula que es de 4 billones de dólares al día sólo en los mercados de compra y venta de monedas, y de 700 billones de dólares en los mercados de derivados (es decir, de los papeles nacidos de otros papeles para especular con ellos).

Pero en las finanzas especulativas hay una ley inevitable: cuanta más rentabilidad se obtiene, más riesgo hay. Por eso, al mismo tiempo que aumenta el beneficio financiero especulativo se incrementa el peligro que soporta toda la economía porque las operaciones que lo proporcionan son de naturaleza muy volátil e inestable, y trasladan estas características al conjunto de las actividades.

Eso es lo que explica que en estos años de gran especulación financiera haya habido más crisis que nunca en la historia.

Por otro lado, la aparición de estos nuevos negocios financieros cambió también la función de los bancos y la forma en que se financiaban las empresas.

Estas últimas se financiaban antes solicitando préstamos a los bancos pero ahora podían hacerlo emitiendo acciones o bonos, que eran más baratos y que servían a los inversores para crear a partir de ellos nuevos papeles que de nuevo vendían en los mercados financieros. Y, como consecuencia de ello, los bancos dejaron de dedicarse preferentemente a financiar la actividad productiva de las empresas para desplazar sus negocios hacia la gestión de fondos de inversión y hacia el cobro de comisiones bancarias.

Los bancos se convirtieron así en las principales fuentes de alimentación de la especulación, de las burbujas inmobiliarias, de la inversión en paraísos fiscales, e incluso·en actividades ilícitas e inmorales, lo que, al mismo tiempo, hacía que la financiación de la actividad productiva de las empresas que crean empleo fuera cada vez más escasa y cara, a diferencia de la destinada a la especulación.

EL NEOLIBERALISMO

Un elemento clave en el crecimiento del sector financiero de carácter especulativo fue la polarización de las rentas, con un incremento muy notable de las del capital (y muy en particular del capital financiero) a costa de una reducción de las rentas del trabajo. Esta merma fue responsable de un descenso de la capacidad adquisitiva de la población, muy en particular de las clases populares, y determinó un problema de escasa demanda y por lo tanto de limitada rentabilidad de la economía donde se producen los bienes y servicios (la que se llama economía real o productiva), cuya demanda estaba disminuyendo. De ahí que la población y las empresas se endeudaran cada vez más (y aumentaran el tamaño del sector financiero) y que el capital prefiriera invertir más en los sectores especulativos que en la economía real, pues los beneficios eran mayores en los primeros que en la segunda. La polarización de las rentas, con descenso de las del trabajo, fue el resultado directo de las acciones de los gobiernos que desarrollaron las políticas neoliberales.

El pleno empleo de la larga fase de crecimiento económico de la década de 1950, de la de 1960 e incluso de la de 1970 había propiciado que los trabajadores mejoraran continuamente su posición en el reparto de la renta, lo que se tradujo en un notable incremento en la participación de los salarios en el conjunto de las rentas.

Detrás de esta situación había causas políticas tales como la fortaleza de partidos de izquierdas, la expansión del sindicalismo, el surgimiento de movimientos sociales, como el movimiento feminista, el ecológico, el de derechos civiles y otros movimientos sociales contestatarios con la estructura de poder. Todos ellos lo sintieron como una amenaza poderosa que indujo a los grandes poderes del momento a poner en marcha respuestas políticas que les permitieran frenar ese creciente poder de los grupos y movimientos sociales que aspiraban a establecer un nuevo orden social y económico.

La respuesta política fue contundente, aplicándose en primer lugar y de modo a veces sanguinario en los países de América Latina y África que habían comenzado a experimentar cambios no necesariamente radicales en sus formas de gobierno y en la política económica.

Como hemos señalado, la primeras reacciones vinieron de la mano de la "revolución conservadora neoliberal" de Margaret Thatcher y Ronald Reagan, que produjo cambios muy importantes, además de los financieros que hemos comentado.

En primer lugar, el cambio de modelo productivo mediante la aplicación de las nuevas tecnologías de la información que iban a proporcionar un nuevo modo de utilización de los recursos, especialmente del trabajo, que iba a ser a partir de entonces más escaso y más barato.

En segundo lugar, una nueva política macroeconómica centrada en la lucha contra la inflación. Como ésta se entendía que estaba causada por los altos salarios y por la excesiva circulación de dinero, se proponía combatirla con políticas de altos tipos de interés (que beneficiaban a los poseedores de dinero) y recortes salariales (lo que favorecía a los propietarios de capital).

Finalmente se puso en marcha una estrategia política y cultural orientada a introducir nuevos valores sociales que fomentaran el individualismo y la fragmentación social que, junto al paro y al endeudamiento como resultado de los menores ingresos, siempre actúan como fuentes de sumisión y de desmovilización política.

Estas políticas, que después se han conocido como *neoliberales*, fueron logrando un cambio paulatino no sólo en la base productiva y financiera, sino en todo el orden social e incluso en la forma de ser y actuar de los individuos como consecuencia de la desigualdad y del desempleo que provocaron.

LA DESIGUAL DISTRIBUCIÓN DE LAS RENTAS Y LA CRISIS

Los cambios tan importantes que trajeron estas políticas en la distribución del ingreso y su influencia posterior en el origen de la crisis se produjeron como consecuencia de un doble proceso.

Por un lado, disminuía la ganancia que se puede obtener en los mercados de bienes y servicios, puesto que la menor proporción de rentas salariales (las cuales se dedican prácticamente en su integridad al consumo) reduce la demanda y, en consecuencia, limita las ventas y los ingresos de las empresas productivas. Y paralelamente el mayor volumen de rentas del capital incrementa el ahorro y, por tanto, la suma de recursos susceptibles de ser destinados a la inversión para obtener rentabilidad.

Pero, como los cambios financieros que se habían producido hacían mucho más atractivo colocar los capitales en las inversiones financieras, resultó que la desigualdad de rentas fue agrandando el flujo de fondos hacia estas últimas y en menor medida a la productiva.

La desigualdad en la distribución de las rentas originarias se convirtió así en la principal fuente de alimentación de la especulación financiera y del riesgo asociado a ellas que caracteriza al capitalismo de nuestros días. Y esa desigualdad en aumento ha sido el caldo de cultivo que ha incentivado la compulsiva innovación financiera orientada a rentabilizar el papel mediante complejos procedimientos de titulización que convierten el capital meramente ficticio, la deuda, en fuente de grandes pero muy arriesgadas ganancias.

El que fue secretario de Trabajo con Clinton, Robert Reich, ha señalado que en 1976 el 1 por ciento más rico de la población de Estados Unidos poseía el 9 por ciento de la riqueza y ahora, después de estos años de políticas neoliberales, ya acumula el 20 por ciento. Y subraya Reich la coincidencia significativa de que este 20 por ciento sea justamente el porcentaje que el 1 por ciento más rico de la población de 1928 poseía entonces, justo antes de que se desencadenara la Gran Depresión. No es una simple coincidencia.

Lo que ha ocurrido en los últimos años es que las políticas neoliberales han impuesto un régimen de salarios reducidos y de trabajo precario que ha permitido recuperar las rentas del capital pero con resultados dramáticos.

Con los salarios más bajos como los que se han impuesto se generan beneficios pero crean escasez y, por tanto, se limita el rendimiento y la capacidad de crecimiento potencial de la economía, es decir, el que se podría obtener si hubiera mayor demanda y se utilizaran todos los recursos disponibles en lugar de dedicarlos a crear y destruir constantemente capital ficticio en los mercados financieros.

Si se contrae la actividad, lo que termina ocurriendo es que la actividad real proporciona una rentabilidad mucho menor que la que se puede obtener en las actividades financieras.

Esa progresiva deriva de los capitales hacia el universo financiero es lo que debilita la actividad real y genera inestabilidad, puesto que la base en la que allí se soporta la ganancia es la especulación que implica una asunción constante de riesgo y, por tanto, una tendencia permanente a la inestabilidad y a las crisis.

Así, mientras que desde el final de la Segunda Guerra Mundial hasta la década de 1970 apenas si se podrían señalar cuatro o cinco crisis financieras, desde entonces se han contabilizado 117 crisis bancarias sistémicas en 93 países y 113 episodios de estrés financiero en 17 países, lo que claramente poner de relieve que los fenómenos paralelos de la desigualdad y la hipertrofia de los flujos financieros vinculados a la multiplicación del capital ficticio son la fuente de la extenuante inestabilidad sistémica del capitalismo de nuestros días.

La crisis que estamos viviendo es, por tanto, una consecuencia inevitable de este proceso de conversión de la economía capitalista en un gran casino financiero que convierten la inversión en papel y en capital puramente ficticio (si es que a eso se le puede considerar inversión) en el uso más rentable del capital. Los bancos y los grandes fondos de inversión se han convertido en una maquinaria de creación constante de deuda a través de la titulización y de los sofisticados procedimientos de la ingeniería financiera que llevan a cabo para encontrar continuamente nuevas fuentes de beneficio. Pero todo ello lo llevan a cabo al margen de la actividad productiva, de modo que ésta no puede sino debilitarse de forma continuada y terminar exhausta ante la falta de capital o de demanda real suficiente.

UN CAPITALISMO TÓXICO

En definitiva la última y gran recesión de la economía mundial es algo más que el resultado de una crisis financiera derivada de la difusión de productos tóxicos. La crisis actual es también la consecuencia del divorcio entre medios y fines, porque se han desnaturalizado la economía, el dinero, las finanzas y la actividad bancaria. El dinero ha dejado de ser un instrumento al servicio de la producción de bienes y servicios que puedan satisfacer las necesidades humanas para convertirse en un fin en sí mismo y en una simple fuente de poder. La financiación ha dejado de ser una actividad al servicio de la creación de empleo o riqueza y los bancos se han convertido en los principales instrumentos de todo ello pasando a ser una maquinaria de generación de deuda.

Pero esta transformación se ha podido producir porque se han dado otros cambios además de los registrados en la esfera económica y financiera. Se ha modificado el equilibrio y las relaciones de poder de clase y de género en las sociedades actuales como resultado de la polarización de las rentas que han puesto cada vez más recursos en manos de los financieros y grandes empresarios a costa de la reducción de los ingresos de las clases populares y de su consecuente endeudamiento y de la protección social que reciben. Y también porque se ha acelerado la concentración de los mayores medios de información y persuasión y su vinculación con esos grandes grupos económicos, todo lo cual ha disminuido la capacidad de respuesta de las clases sociales que soportan los efectos negativos de estas políticas consiguiendo incluso presentar tales cambios como inevitables y los únicos posibles para que la gente que los sufre en mayor medida, los trabajadores, las mujeres, los jóvenes, los pensionistas, los parados... no se den cuenta de lo que pasa y se conviertan, por el contrario, en los propios soportes de las políticas que les reducen continuamente sus ingresos y su bienestar.

HAY ALTERNATIVAS

II

Las singularidades de la crisis española

Como ya hemos dicho, para afrontar con éxito un problema económico, como cualquier otro social o personal, es fundamental conocer bien sus causas, los factores que lo han provocado. Por eso también es fundamental conocer los factores singulares que han hecho que la crisis tenga en España un perfil algo distinto y que se haya manifestado aquí con más gravedad que en otros países de nuestro entorno.

Evidentemente, la crisis que está viviendo la economía española es fruto directo de la crisis financiera internacional. Si ésta no se hubiera producido, nuestra economía no habría llegado a estar en la situación tan delicada en la que se encuentra. Pero, aunque es verdad que nuestra crisis viene de la mano de la internacional, también es cierto que en España había unas condiciones económicas previas muy singulares que han hecho que su efecto haya sido especialmente grave y dañino.

LAS COINCIDENCIAS Y NUESTRAS PARTICULARIDADES

En España se ha dado en los últimos treinta años el mismo proceso de transformación estructural y se han aplicado las mismas recetas neoliberales que en el resto del mundo tal y como hemos explicado en el capítulo anterior. Pero nuestra singularidad es que éstas se han producido, como todos sabemos, en el contexto de un proceso de transición de la dictadura a la democracia que ha matizado, tanto en términos positivos como negativos, los efectos de ese proceso.

El también crecimiento excesivo de la actividad financiera que ha terminado provocando la crisis bancaria se ha producido en nuestro país en los últimos tiempos, pero se ha manifestado con alguna particularidad porque ha coincidido con tres circunstancias particulares:

– Una impresionante burbuja inmobiliaria.

– Un endeudamiento previo y una insuficiencia de ahorro nacional especialmente grandes.

– Una supervisión de las instituciones financieras en cierto modo diferente a las del resto de los países como consecuencia de que ya habían sufrido una crisis muy devastadora años antes.

A continuación analizaremos los efectos que ha provocado el hecho de que España, también en materia de crisis económica, haya sido diferente.

La herencia del franquismo en nuestra economía

El proceso de transformación estructural del neoliberalismo que hemos explicado en el capítulo anterior ha coincidido en España con la salida de la dictadura franquista y con la consolidación de un régimen democrático que no siempre ha podido liberarse por completo de su herencia y eso ha dado a ese proceso un carácter singular debido a los siguientes factores principales.

Debilidad de las clases trabajadoras

La transición, que no fue modélica, se hizo realmente en términos muy favorables a las fuerzas conservadoras que controlaban los aparatos del Estado dictatorial y gran parte de los medios de información y persuasión. La presión popular y muy en especial la agitación social de las clases trabajadoras (el número de huelgas políticas en el periodo 1974-1978 fue el más alto en términos proporcionales de las que hubo en Europa durante los mismos años) fueron responsables del fin de la dictadura; aunque el dictador murió en la cama, la dictadura murió en la calle. Pero aquella agitación social no fue suficiente para forzar una ruptura con el estado anterior, lo que permitió que las derechas de escasa tradición democrática mantuvieran su enorme poder y provocó la debilidad, dentro del Estado, de las fuerzas democráticas y muy en especial de la izquierda (las cuales acababan de salir de la clandestinidad y muchos de sus dirigentes, de las cárceles).

El sindicalismo fue un factor importantísimo en la recuperación de la democracia, pero el dominio conservador en el Estado ha limitado en gran medida su influencia. Una situación que ha sido también acentuada por su división en distintos sindicatos que se han estado basando históricamente en varias tradiciones políticas, división que les ha debilitado frente a unas fuerzas conservadoras, que tanto en el centro como en la periferia han sido siempre muy conscientes de sus intereses de clases actuando de manera unitaria.

Desmesurada influencia política de los grandes grupos empresariales y financieros

Los grandes representantes de los intereses empresariales más poderosos han mantenido gran parte de los mecanismos de protección nacidos en el franquismo, que en realidad fue un régimen orientado a proteger de forma constante al gran empresariado y a la banca mediante su permanente presencia en el poder político.[1]

Así, todavía a finales de 2006 sólo una veintena de grandes familias eran propietarias del 20,14 por ciento del capital de las empresas del Ibex-35 y una pequeña élite de 1.400 personas, que representan el 0,0035 por ciento de la población española, controlaba recursos que equivalen al 80,5 por ciento del PIB.

1. Véanse las obras de Mariano Sánchez, *Ricos por la patria. Grandes magnates de la dictadura, altos financieros de la democracia*, Plaza & Janés, Madrid, 2001; *Ricos por la guerra de España*, Raíces, Madrid, 2007.

Esta estructura muy oligarquizada[2] de la sociedad y la economía españolas ha sido determinante, como se comentará enseguida, para provocar la burbuja inmobiliaria y el extraordinario endeudamiento que se encuentra en el origen de la crisis que afecta a la economía española.

Instituciones y mercados muy imperfectos

La dictadura nos dejó instituciones tan decisivas como el mercado de trabajo, el sector financiero o el sistema fiscal muy débiles y mal conformadas y no ha sido fácil acomodarlas a la democracia y a la modernidad.

En el mercado laboral ha habido una dureza en las iniciativas empresariales, resultado de una gran patronal acostumbrada a tener una prepotencia que heredó del régimen anterior con escasa adaptabilidad a las exigencias de una economía basada en la cooperación y la colaboración de los agentes sociales. Temas hoy aceptados en los mercados laborales europeos como, por ejemplo, cogestión empresarial, han sido desechados como impracticables. Y la solución del elevado desempleo ha sido siempre, por parte de la gran patronal, facilitar el despido, lo cual ha creado resistencias comprensibles del movimiento sindical.

En el sector financiero ha prevalecido una articulación excesivamente protegida y privilegiada que ha permitido que la banca mantenga un poder y una influencia sobre el conjunto de la economía y las instituciones muy desproporcionado en comparación con el de los países de nuestro entorno.

Finalmente, y a pesar de las reformas de los inicios de la democracia, el sistema fiscal no ha podido quitarse de encima el histórico rechazo de las clases pudientes españolas hacia los impuestos, lo que ha dado lugar a que el sistema haya evolucionado hacia la regresividad y la insuficiencia justo cuando más

2. Iago Santos Castroviejo, *Una aproximación a la red social de la élite del poder económico en España*, ponencia presentada a las XI Jornadas de Economía Crítica, 28 de marzo de 2008.

necesario hubiera sido alcanzar dosis elevadas de equidad, eficiencia y suficiencia.

Déficit social[3]

Otra herencia del franquismo fue la escasa dotación de recursos para la protección social y la gran debilidad de las estructuras del bienestar colectivo. Aunque los pactos de la transición y el relativamente rápido acceso al gobierno del partido socialista permitieron ampliar estructuras de bienestar de gran alcance, en ningún momento han dispuesto de la financiación que hubiera sido necesaria para garantizarles su consolidación. Y esta insuficiencia es la que provoca la idea tan generalizada de que nuestro sistema de servicios públicos funciona mal y que hay que revisarlo.

Hay que tener en cuenta que la dictadura no sólo fue un régimen políticamente represor de las libertades sino también profundamente regresivo en materia de derechos sociales y protección social, de modo que al morir el dictador España se encontraba muy por debajo de los estándares europeos de bienestar social, arrastrando déficits muy considerables en materia educativa, de innovación, en protección social o en infraestructuras y capital colectivos, como analizaremos con más detalle en otro capítulo.

De hecho puede decirse que el Estado del Bienestar (educación y salud universal, protección a las familias, al desempleo…) era muy pobre en España en 1975, cuando murió Franco, así que los primeros gobiernos de la democracia tuvieron que articular esas estructuras de bienestar justo en una coyuntura marcada por las restricciones presupuestarias, por la imposición de una lectura ultraliberal de la política económica en todos los espacios internacionales y con una fuerte presión ideológica en este sentido dentro y fuera del país.

---

3. Véase la obra de Vicenç Navarro, *El subdesarrollo social de España*, Anagrama, 2006.

Débil y traumática vinculación
de la economía española con el exterior

La economía española se fue abriendo al exterior a partir de 1959, en plena dictadura, pero lo hizo de modo muy dependiente y condicionado por el predominio de un modelo productivo atrasado y que sólo resultaba competitivo mediante los bajos salarios y los favores administrativos que la dictadura ofrecía con generosidad a grandes empresas y multinacionales. En esas condiciones nuestro equilibrio exterior dependía de la entrada de divisas que proporcionaba la creciente especialización en la oferta de servicios turísticos. Y puesto que esta vía resultaba a la postre insuficiente había que recurrir periódicamente a la devaluación de la moneda.[4]

La llegada de la democracia coincidió también con una nueva fase de apertura al exterior que hubo que afrontar sin haber podido consolidar con anterioridad un modelo productivo sustancialmente distinto al de la dictadura. Por ello, la incorporación primero a la Comunidad Europea y más tarde a la unión monetaria supusieron también un impacto muy grande en nuestra economía. Podríamos decir que tuvimos que ponernos un traje de otra talla sin haber cambiado antes nuestro tamaño y eso tuvo efectos desiguales. Por un lado, hizo posible que la economía y la sociedad españolas disfrutaran de una entrada de fondos muy importantes que han permitido consolidar estructuras de bienestar y una gran dotación de recursos (disfrutamos de un traje nuevo). Pero, por otro, ha puesto en

4. La devaluación es la decisión tomada por el gobierno de bajar el precio de una moneda en relación con alguna otra. Se suele tomar cuando hay un déficit exterior muy grande e insoportable, es decir, cuando hay que hacer pagos al exterior muy por encima de los ingresos que se reciben. Al devaluar, los productos nacionales se abaratan y de esa manera se supone que se pueden vender con mayor facilidad y, por tanto, aumentan los ingresos. Y como, al mismo tiempo, la devaluación hace que los productos del exterior sean más caros, disminuyen también los pagos internacionales. El efecto de ambos procesos es que, gracias a la devaluación, mejora la balanza del país con el exterior.

manos del capital extranjero los mejores activos de nuestra economía, hasta el punto de que el capital español ha desaparecido de sectores enteros, algunos de ellos de gran importancia estratégica (el traje nuevo no nos sentaba bien porque no era de nuestra talla). Y además ha limitado casi totalmente la capacidad de maniobra interna al someter la política económica nacional a los dictados de las decisiones dominantes en Europa que lógicamente responden más bien a los intereses empresariales de los países más poderosos, Alemania y Francia. Todo ello ha consolidado el modelo productivo tradicional dependiente y muy poco competitivo.

En particular, la entrada de España en la Zona Euro impide que el ajuste exterior al que obliga nuestra escasa competitividad se pueda llevar a cabo a través de la devaluación como se había hecho tradicionalmente.

Podríamos haber resuelto ese problema especializándonos en otro tipo de actividades y mejorando nuestra calidad y nuestra productividad. Pero eso hubiera requerido políticas públicas más potentes e impuestos más altos. Algo que nunca desearon las grandes empresas que han querido competir en los mercados internacionales y que optaron, por el contrario, por competir bajando los salarios. Pero, a pesar de que éstos han sufrido un proceso constante de contención (España es el único país de la OCDE en donde no se produjo crecimiento real de los salarios entre 1995 y 2005), esta vía de ajuste ha sido insuficiente para proporcionarnos bastantes ingresos (porque como veremos en otro capítulo es una vía empobrecedora) y eso dio lugar a que el déficit exterior de España se haya disparado en los últimos años hasta llegar a ser el más alto del mundo en términos relativos.

Gran desigualdad

Finalmente hay que subrayar que de la dictadura que rigió en España de 1938 a 1978 se heredó igualmente una gran desigualdad, tanto entre territorios como entre personas, como consecuencia no sólo de la carencia de políticas y estructuras redistributivas, sino sobre todo de la carencia de capital social dedicado a la formación y la innovación, del predominio de un modelo productivo dependiente y desvertebrado y de la propia ausencia de democracia.

En definitiva, podríamos decir que la dictadura nos dejó de herencia una economía y una sociedad muy sometidas a grupos de interés económico y financiero muy reducidos pero muy poderosos, y un tejido productivo demasiado débil también dominado por grandes empresas y bancos con una influencia política conquistada en la dictadura pero que han logrado mantener casi hasta la actualidad. Basta ver, por ejemplo, que los grandes apellidos de la vida económica, banqueros y empresarios, los que ahora cita el presidente Zapatero para pedirle ayuda frente a la crisis o los que van a ver al Rey para proponerle sus soluciones, son prácticamente los mismos del franquismo, o que los mayores perceptores de ayudas agrarias de la Unión Europea en España siguen siendo la familia Mora-Figueroa Domecq, la duquesa de Alba, el duque del Infantado o la Compañía de Jesús...

EL MODELO PRODUCTIVO QUE DA LUGAR A LA CRISIS

Las circunstancias y los factores que acabamos de mencionar constituyen residuos de la atrasada y corporativizada economía del franquismo que todavía no han desaparecido del todo de la economía española actual y que incluso, en algunos casos se han agudizado en la democracia como consecuencia de la aplicación sin contrapesos de las políticas neoliberales.

Esto es lo que ha ocurrido desde 1993, fecha que inició el proceso de integración de España en la Unión Europea, con la reducción del gasto público social por habitante, primero (1993-1995) en términos absolutos y después (1996-2004) en términos proporcionales, creciendo el gasto público social en niveles más bajos que en el promedio de la UE-15, con lo cual el déficit de gasto público social de España con el promedio de la UE-15 aumentó considerablemente durante el periodo 1993-2004.

El euro se estableció en España a costa de su Estado del Bienestar, pues la reducción del déficit del estado se realizó primordialmente a base de transferir los fondos que hubieran ido a cubrir el déficit social, a reducir el déficit del Estado.

Finalmente las privatizaciones de empresas públicas han fortalecido el carácter oligárquico de nuestra estructura empresarial (pues en su mayor parte fueron a parar a los grupos privados de por sí ya más poderosos) o con la especialización de la actividad económica en torno a los sectores de las finanzas y la construcción gracias a la estrecha vinculación, que viene de los años inmediatamente posteriores a la Guerra Civil, entre el poder político, los banqueros y los constructores y promotores inmobiliarios.

Y, para colmo, sin que esas privatizaciones hayan producido ninguna "mejora significativa en la rentabilidad, en la eficiencia, en el volumen de ventas y de inversión, ni cambios significativos en el nivel de endeudamiento o en el empleo" en las empresas que se privatizaron.[5]

España se ha modernizado y se ha democratizado en estos últimos treinta años pero lo ha hecho manteniendo estructuras de poder muy asimétrico que a la postre no han permitido, por ejemplo, que se dediquen a financiar el bienestar los recursos necesarios. La economía española se ha debido incorporar a las condiciones generales que impone la globalización neoliberal y para ello se ha puesto a disposición de los capitales extranjeros que mediante la adquisición de numerosas empresas y el control de los canales de distribución han llegado a tener una posición de gran predominio en los sectores más decisivos de nuestra economía.

---

5. Así lo han demostrado, entre otros, Laura Cabeza y Silvia Gómez Ansón en su trabajo "Los procesos de privatización en España: determinantes e implicaciones de la eficiencia empresarial", *Estudios de economía aplicada*, vol. 27-2, 2009, p. 20.

Pero, al mismo tiempo, no ha llegado a los estándares de bienestar y de protección que alcanzaron en su momento los países a cuyos niveles ha tenido que homologarse en poco tiempo.

Esa es la situación que uno de nosotros, Vicenç Navarro, ha caracterizado como de "bienestar insuficiente, democracia incompleta", que es causa y a su vez consecuencia de la combinación de todos esos factores y que en su vértice se traducen en un equilibrio de poder muy asimétrico entre las clases sociales.[6]

Todos esos factores han consolidado un modelo productivo y de desarrollo socioeconómico que es el que está estallando ante nosotros coincidiendo con la crisis financiera mundial, cuyas principales características se podrían resumir en las siguientes.

Economía poco productiva y de poco valor añadido

La utilización más intensiva de la mano de obra se utiliza en actividades con muy poca innovación y de escaso valor añadido como principalmente la construcción, las vinculadas al turismo y los servicios.

Esta especialización está unida, a su vez, a otros factores que resultan también claramente determinantes de la situación en la que la economía española ha hecho frente a la crisis actual.

En primer lugar, un déficit histórico en recursos humanos cualificados y en formación que aún no se ha resuelto, como pone de relieve, por ejemplo, que en España sólo tengan educación secundaria completada, equivalente a bachiller o formación profesional, el 62 por ciento de los jóvenes de edades comprendidas entre 25 y 34 años frente a un 80 por ciento de media en los países europeos. Un factor que, unido al atraso que igualmente se sufre en inversión en I+D+i, provoca que la productividad del trabajo en España se haya mantenido prácticamente estancada en los últimos quince años.

6. Véase Vicenç Navarro, *Bienestar insuficiente, democracia incompleta. Sobre lo que no se habla en nuestro país*, Anagrama, Barcelona, 2002.

En segundo lugar, un incremento muy importante de las mujeres en el mercado laboral que ha hecho que su tasa de actividad aumenta desde el 45,1 por ciento de 1996 al 60,2 por ciento en 2006 pero que, al no ir acompañado de suficientes políticas de igualdad y mecanismos legales efectivos contra la discriminación, ha provocado un descenso en el nivel salarial medio. Un fenómeno que, al añadirse a la entrada masiva de población inmigrante en los últimos años, ha permitido mantener los salarios en niveles excepcionalmente bajos, lo que ha incentivado el uso más intensivo y poco productivo de la mano de obra.

En tercer lugar, un mercado de trabajo en donde la asimetría a la que antes hicimos referencia ha propiciado unas condiciones de contratación muy favorables al gran empresariado y que se traduce sobre todo en una alta temporalidad (superior al 30 por ciento durante largos periodos) que explica los grandes vaivenes que el volumen de empleo y la tasa de desocupación sufren a lo largo del ciclo.

Así, España ha pasado casi sin solución de continuidad de crear 2,3 millones de empleos en 2004-2006 y estar a la cabeza de la creación de puestos de trabajo en Europa, a perder cientos de miles en unos pocos meses, algo que no es sólo característico de esta última crisis puesto que ya sucedió igualmente en la de 1992-1993 cuando en sólo dieciocho meses (desde julio de 1992 hasta diciembre de 1993) se destruyeron 734.000 puestos de trabajo.

En cuarto lugar, una gran dependencia del capital público y en concreto de decisiones políticas vinculadas a la inversión en infraestructuras, a la política de suelo y urbanística, así como de las facilidades fiscales y a la financiación externa al sector.

Los auges de la construcción en España han estado vinculados siempre a una fuerte complicidad y participación del sector público. En la primera etapa de gran expansión (1987-1992) fue el endeudamiento público y la potenciación desde el Estado de la obra pública en infraestructuras los que permitieron su expansión vertiginosa y en la última fase de crecimiento desorbitado hasta 2006-2007 gracias al endeudamiento privado y la construcción residencial. Y, en ambos casos, gracias a una legislación favorable cuidadosa y estratégicamente prediseñada y a privilegios fiscales de los que no se ha podido gozar casi en ningún otro tipo de actividad.

Pérdida de poder adquisitivo de los salarios y debilidad del mercado interno

En los últimos años se han ido aplicando políticas de contención salarial con la excusa de ser más competitivos y de luchar contra la subida de precios y de crear empleo.

Así, mientras que en 1960 la participación de los salarios en el PIB (al coste de los factores) era del 68 por ciento y en 1976 alcanzaba su máximo en los últimos 35 años con un 73,63 por ciento, en 2008 la participación descendió hasta un 60,21 por ciento. España es el único país de la OCDE en donde los salarios reales no han crecido en los últimos quince años.

Esta pérdida de peso de los salarios ha provocado que España sea uno de los países con mayor desigualdad de Europa y ha tenido además dos grandes efectos que hay que corregir para salir bien de la crisis.

Por un lado, ha debilitado mucho el mercado interior porque éste depende del gasto que se realice. Y con salarios a la baja el gasto lógicamente se resiente, lo que afecta sobre todo a las empresas pequeñas y medianas, puesto que las grandes siempre pueden acudir al gasto de otros países. Y como estas pequeñas y medianas empresas son las que crean casi el 80 por ciento del empleo, resulta que salarios más bajos han ido acompañados al final de menos empleo.

Por otro lado, cuando los ingresos salariales son bajos y las pequeñas y medianas empresas tienen dificultades porque no hay gasto suficiente, lo que ocurre es que aumenta el endeudamiento.

Eso les viene muy bien a los bancos, porque su negocio es precisamente ofrecer créditos, y por eso piden siempre políticas de contención salarial, pero le viene muy mal a la economía en su conjunto.

Y no es casualidad ni mucho menos que España sea, al mismo tiempo, el país en donde no han subido los salarios reales y el que ha registrado un incremento más vertiginoso del endeudamiento privado, que ha llegado a representar el 150,4 por ciento de la renta disponible neta, y una reducción correlativa del ahorro que ha llegado a situarse en tan sólo un 11 por ciento de dicha renta. En los diez años anteriores al estallido de la crisis el endeudamiento de las familias en relación a su renta disponible y el de las empresas en relación a su excedente bruto de explotación casi se ha triplicado.

Y hay que dejar claro que este endeudamiento no se debe, como a veces se dice, a que los españoles hayamos vivido "por encima de nuestras posibilidades" sino a que los salarios han estado por debajo de nuestras necesidades.

Crecimiento de la deuda privada y demonización de la pública

Un fenómeno curioso que se ha producido en los últimos años en España es que mientras que se impulsaba y facilitaba el endeudamiento privado y nadie ponía objeciones a ellos se ponían todo tipo de pegas y frenos al del Estado.

Esto es algo que debería resultar sorprendente porque el endeudamiento público aporta mucha más riqueza y menos riesgos que el privado. En España el endeudamiento público se ha destinado normalmente a crear capital social y estructuras de bienestar colectivas mientras que el privado se ha concentrado en la adquisición o rehabilitación de viviendas (75 por ciento), muy poco en el consumo (12 por ciento) y casi nada en la actividad productiva (6 por ciento).

Las consecuencias de haber actuado "al revés" en este campo son muy importantes y de muy diversa naturaleza: al limitar la financiación pública se ha mantenido e incluso acrecentado el déficit social español y el relativo a la investigación y la ciencia, y al apoyar al privado vinculado a la construcción se ha propiciado que los mayores ingresos de la actividad económica hayan sido los recibidos por la banca y por los promotores y constructores inmobiliarios. Es decir, no sólo ha hecho que la economía española sea más injusta sino también más ineficiente. Y además una deuda tan extraordinaria ha creado una auténtica esclavitud para millones de familias que sin duda explica en gran medida la desmovilización social, la sumisión y la falta de respuestas a la pérdida relativa de bienestar que padecen las clases trabajadoras.

Deterioro ambiental

Por otro lado, el modelo productivo español, debido a su especialización productiva en torno a la construcción y al turismo y a la gran influencia política que tienen los promotores y grandes empresarios, es un gran productor de daños medioambientales, despilfarrador de recursos naturales y generador de residuos que suponen un coste social y económico extraordinario pero que no se tiene en cuenta a la hora de valorar su verdadero alcance.[7]

Dependencia del ciclo

Finalmente nuestro modelo resulta también muy indefenso ante los avatares del ciclo económico. Eso quiere decir que, cuando las cosas van bien, aquí van mejor que en ningún sitio, pero que, cuando mal, aquí van mucho peor. Y el balance total suele ser negativo.

Esto es debido a otra serie de factores que también hacen que nuestro modelo económico sea muy frágil y que podemos resumir en los siguientes:

---

7. Véase José María Naredo, "La cara oculta de la crisis. El fin del boom inmobiliario y sus consecuencias", en *Revista de Economía Crítica*, núm. 7, 2009, pp. 118-133.

1. En contra de lo que dicen los economistas neoliberales, en España existe una gran precariedad laboral y gran facilidad para aumentar y reducir plantillas, como prueba que en la actual etapa de pérdida de empleo más del 80 por ciento de los puestos de trabajo destruidos lo hayan sido al margen de los expedientes administrativos de regulación de empleo. Y eso hace que los empresarios prefieran actuar contratando mucho en épocas buenas pero también despidiendo abundantemente en las malas. Si el trabajo fuera un factor más valioso y costoso, los empresarios estarían mucho más motivados para invertir en mejoras de productividad y calidad que les evitaran incurrir en los costes de despedir o de cerrar su actividad.

2. La dependencia del capital extranjero que, como hemos señalado antes, se ha hecho con la inmensa totalidad de los activos principales de la economía española ha provocado que las empresas dominadas por él se dirijan desde el exterior y que respondan a intereses y estrategias de rentabilización ajenas a la dinámica propia de la economía española. Así, en cuanto empeora la situación fuera, esos capitales responden enseguida en España, incluso aunque aquí la situación no se haya deteriorado.

3. El escaso peso de la actividad industrial y, por el contrario, el excesivo de las actividades que son más vulnerables ante los cambios coyunturales en la demanda.

4. La gran influencia del sector bancario que es conservador por excelencia y siempre se adelanta a las fases del ciclo, lo que agrava este efecto al trasladarlo al conjunto de la economía, pues la renta familiar y la actividad de los hogares y de las empresas dependen de su estrategia.

5. La disminución en la autonomía para poner en marcha y ejecutar políticas de estabilización macroeconómica como consecuencia de la globalización y de la pertenencia a la unión monetaria impide que el gobierno pueda hacer frente con eficacia a los efectos perturbadores del ciclo, a pesar de que su economía esté expuesta más cruda y directamente a todos ellos.

La etapa de exageración, el estallido de la crisis y la recesión

Las debilidades del modelo de crecimiento que acabamos de señalar son las que nos permiten afirmar que los problemas que viene padeciendo la economía española desde 2007 no son sólo el resultado del impacto externo provocado por la difusión de las hipotecas basura desde Estados Unidos, ni sólo de sus secuelas sobre el conjunto de la economía mundial.

Por supuesto ese impacto ha existido y ha tenido una influencia notable por razones muy diversas:

1. Porque la banca española tiene una gran integración con la internacional y hubiera sido siempre inevitable que le afectara la situación de insolvencia generalizada que se ha producido.

2. Porque la economía española es muy sensible, como hemos señalado, a la demanda externa que se ha visto afectada gravemente como consecuencia de la situación financiera.

3. Porque la confianza es un elemento fundamental en las relaciones económicas y en los últimos tiempos se ha visto limitada como consecuencia de nuestro altísimo nivel de endeudamiento.

4. Porque tratándose de una crisis sistémica y global es realmente imposible que algún país pueda presenciarla de lejos y sin verse más o menos afectado por sus consecuencias de todo tipo.

Pero, siendo así, lo cierto es que la economía española venía dando señales de peligro desde antes de que estallara la crisis de las hipotecas basura, como demuestra el hecho de que la oferta de crédito ya hubiera comenzado a caer en 2006.

Lo que ha sucedido en España es que en los últimos cuatro o cinco años anteriores al estallido de la crisis internacional se exageraron de tal modo los rasgos de inestabilidad e insostenibilidad del modelo productivo que éste no pudo sino saltar por los aires y lo ha hecho, lógicamente, coincidiendo con la etapa de mayor debilidad estructural, cuando arreciaba la crisis internacional.

Ese estallido se produjo al hacerse insostenibles varias de las circunstancias que ya hemos mencionado:

1. El exceso de liquidez provocado por el crecimiento desorbitado de la deuda.

2. El imposible mantenimiento de la dinámica al alza de los precios de la vivienda y el subsiguiente estallido de la burbuja inmobiliaria.

3. La imposibilidad de controlar el desequilibrio exterior cuando se ha generalizado una gran pérdida de confianza de los mercados externos.

4. La presencia pertinaz y en incremento de la desigualdad que deteriora de forma progresiva los mercados internos.

5. La actitud permisiva de las autoridades monetarias con todo lo anterior.

6. La despreocupación de los gobiernos de Aznar y Rodríguez Zapatero frente a los factores de insostenibilidad del modelo basado en el ladrillo a pesar de que se estaban haciendo evidentes desde hacía tiempo.

7. La lamentable gestión gubernamental de los inicios de la crisis cuando Zapatero se empeñaba en negarla, seguramente guiado por sus asesores liberales que confiaban ciegamente en la capacidad autorreguladora de los mercados, lo que hizo perder un tiempo precioso para actuar contra ella.

El gran negocio de la banca española
nos salió demasiado caro

El periodo de generosa liquidez del que habían disfrutado todas las economías tuvo en España una expresión mucho más exagerada precisamente porque su modelo productivo estaba centrado en torno a actividades que se desarrollaban al amparo de la deuda. Y porque el gran poder del que disponen los bancos en España les ha permitido multiplicar el negocio sin que en la práctica hayan tenido limitaciones efectivas por parte del Banco de España, que, a pesar de la fama de buen supervisor, lo cierto es que ha dejado crecer una deuda a todas luces despro-porcionada e indigerible por la economía española.[8]

Así, el crédito total a residentes pasó de 701.663 millones de euros en 2002 a 1,8 billones en 2008, un incremento gigantesco de la deuda (o, lo que es igual, del negocio de la banca) que en un 70 por ciento fue dirigido hacia la construcción o sus activi-dades colindantes; es decir, a alimentar la burbuja inmobiliaria que se formaba en el proceso de constante revalorización de inmuebles.

La exageración de este proceso se pone de relieve conside-rando que el endeudamiento neto de la economía española, de

8. El poder de la banca y también del *lobby* inmobiliario y su maridaje con el poder político en los últimos años se ha manifestado de modos muy evi-dentes: la poderosa Oficina Económica del Gobierno ha estado nutrida de economistas procedentes en su gran mayoría de servicios de estudios de bancos privados, uno de sus directores salió directamente a trabajar como presidente de la patronal de grandes constructoras, un antiguo gobernador del Banco de España terminó en el Consejo de Administración de uno de los grandes bancos, otro en el Fondo Monetario Internacional y un subgo-bernador presidiendo la patronal bancaria.

Otra prueba singular del gran poder político de los grandes empresarios y financieros y de su connivencia con las autoridades fue la mostrada por la entonces secretaria de Estado de Justicia, María Teresa Fernández de la Vega, con el presidente del Banco de Santander, Emilio Botín. Según informó el diario *El País*, impidió que se lo juzgara en un caso en el que el fiscal le pedía nada menos que 170 años de cárcel ordenando en una carta "que se cursaran al abogado del Estado "instrucciones" sobre su actuación en el caso de las cesiones de crédito", concretamente pidiendo que no se dirigiera "acción penal alguna por presunto delito contra la Hacienda Pública, contra la citada entidad bancaria o sus representantes" ("Rato atri-buye la decisión de no perseguir a Vega", *El País*, 27 de mayo de 2008). Gracias a su intervención Botín no fue juzgado, según informó la web de *El Confidencial* el 21 de septiembre de 2006, a pesar de que "durante los años 1988 y 1989 el Santander manejó cerca de medio billón de pesetas de dine-ro negro, que provenía de fuentes financieras más o menos inconfesables [...] El banco entregó al Fisco información falsa sobre 9.566 operaciones for-malizadas que representaban 145.120 millones de pesetas. [...] A tal efecto no dudó en declarar como titulares de las cesiones a personas fallecidas, emigrantes no residentes en España, ancianos desvalidos, trabajadores en paro, familiares de empleados del banco, antiguos clientes que ya no man-tenían relación alguna con la entidad, etcétera".

las administraciones públicas y del sector privado había aumentado un 82 por ciento entre 1999 y 2003 y que desde entonces hasta 2007 lo hizo un 243 por ciento.[9] El crédito total destinado a la actividad productiva se multiplicó entre 2000 y 2007 por 3,1, el dirigido a la industria por 1,8, el de la construcción por 3,6 y el dirigido a la actividad inmobiliaria por 9. Y en 2008 el crédito a la construcción y a las actividades inmobiliarias representaba el 47 por ciento del total cuando en 2000 sólo era el 25 por ciento.

Para mantener en pie este impresionante negocio (que en paralelo ha situado a la banca española a la cabeza de la rentabilidad bancaria de todo el mundo) los bancos españoles han tenido que recurrir al mismo tiempo a un alto nivel de endeudamiento. Sobre todo porque en la última etapa de exageración el volumen de depósitos no ha crecido a la vez que la oferta de crédito: en 2000 la banca española recibía 1,43 euros en depósitos por cada euro que concedía a crédito mientras que en 2007 sólo recibía 0,76 euros.

Para financiar todo eso la banca española ha tenido que recurrir cada vez más a la financiación interbancaria internacional y especialmente europea por un total que, según las estimaciones del Fondo Monetario Internacional, ha pasado de 78.000 millones de euros a 428.000 en el último periodo de gran liquidez previo al estallido de la burbuja. Y eso es lo que hace que ahora esos bancos acreedores de los españoles, principalmente franceses y sobre todo alemanes, tengan tanto interés en provocar el "rescate" de España; es decir, de ellos mismos, como ya han hecho en Grecia, Irlanda o Portugal.

Los mismos de siempre se llevaron el gato al agua

El sobreendeudamiento y el gigantesco incremento de la liquidez en esta última fase también han estado necesariamen-

---

9. Los datos que se mencionan a continuación sobre la oferta bancaria de créditos proceden, salvo que se indique lo contrario, de los boletines estadísticos del Banco de España.

te vinculados al incremento de la desigualdad que de igual manera podría calificarse de exagerada en esta última etapa. En un periodo de alto crecimiento, es decir, cuando el modelo se ha mostrado funcionando más intensivamente, la desigualdad ha aumentado de forma notable. Según la Encuesta Financiera de las Familias del Banco de España[10] sólo entre 2002 y 2005 la renta media correspondiente al 20 por ciento más pobre de los hogares de España se redujo en un 23,6 por ciento mientras que la renta media del 10 por ciento más rico se incrementó más de un 15 por ciento.

Y del efecto intensivamente demoledor de la deuda inmobiliaria sobre la demanda y el mercado (aunque también sobre la rentabilidad bancaria) da idea el hecho de que, según esta misma encuesta del Banco de España, en 2002 un 42,5 por ciento de las familias tenían que dedicar más del 40 por ciento de su renta a pagar las deudas contraídas para pagar su vivienda mientras que en 2005 ese porcentaje se había disparado hasta el 70,9 por ciento de los hogares.

En relación con esta última etapa un informe de Comisiones Obreras revela que desde 2002 hasta 2007 los dividendos empresariales han aumentado una media del 30 por ciento anual y que, al mismo tiempo, sólo entre 2005 y 2007, el porcentaje de trabajadores que ganan menos de 18.500 euros ha aumentado del 57,8 al 60 por ciento, el de los que ganan entre 18.500 euros y 24.000 ha bajado del 38,5 al 36,35 por ciento, y el resto se ha mantenido prácticamente igual.[11] Dicho sindicato también resaltó que "si hace veinte años la diferencia salarial entre máximos directivos y puestos con menores salarios era de 10 o 20 veces superior, hoy aumenta hasta 100 o 200 veces, sin incluir salarios en especie, pólizas de seguro, fondos de pensiones, etcétera".

Por su parte, el Consejo Económico y Social mostraba en su Memoria de 2007 que mientras que en 2006 la retribución del

---

10. En su *Boletín Económico* núm. 37 de diciembre de 2007 o en su web.
11. Sobre la evolución de salarios y excedente véase Costas 2006; Gil, Orti y Santiago 2008, y Martín 2007.

trabajo creció un 3,4 por ciento, los beneficios de las sociedades que cotizan en Bolsa lo hicieron por encima del 26,6 por ciento.

El papel de las autoridades

Tal y como ha ocurrido en el resto del mundo, también en España las autoridades han tenido una gran corresponsabilidad en el estallido de la crisis.

El Banco de España ha mantenido condiciones de mayor precaución en cuanto a los procedimientos en que se ha llevado a cabo la titulización. Pero vigilando ese peligro ha desatendido el que ha resultado ser el más auténtico y lo que constituía la amenaza más grave y finalmente materializada sobre la economía española: el volumen de deuda tan peligroso que han generado los bancos.

Al dejar hacer, el Banco de España, como los demás bancos centrales, han cerrado los ojos ante el crecimiento de una burbuja inmobiliaria a todas luces causante de buena parte de los problemas que ahora tenemos. Y, por supuesto, la máxima autoridad monetaria y supervisora bancaria ha dejado que el comportamiento de la banca española haya sido claramente irresponsable al sobrefinanciar la actividad económica, concediendo habitualmente préstamos hipotecarios a más del cien por cien del valor de las viviendas que se hipotecaban o, actuando al margen de toda lógica financiera y económica, financiando al cien por cien, como se ha demostrado en las suspensiones de pagos, la inversión de las empresas.

Y, en todo caso, no se puede olvidar que si la situación de las entidades financieras españolas ha podido ser calificada como ejemplar y libre de problemas ha sido en buena parte porque los bancos centrales han permitido que se apliquen normas contables y de valoración encaminadas a disimular su verdadero estado patrimonial, concretamente permitiendo que las entidades valoren a precio de adquisición y no de mercado sus instrumentos financieros para ocultar así una buena parte de las pérdidas que hayan podido sufrir.

Ya en plena crisis, el Banco de España se ha mostrado impotente o inactivo a la hora de conseguir que los recursos públicos que recibían los bancos se derivaran, como se supone que hubiera debido ocurrir, a los mercados o de evitar el mayor racionamiento de crédito que la banca española ha impuesto a empresas y consumidores.

En cualquier caso, el Banco de España no ha sido la única autoridad que al dejar hacer ha coadyuvado decisivamente a que la crisis tenga en España esta dimensión y este carácter singularizados. Los gobiernos sucesivos, tanto del Partido Popular como del Partido Socialista, han aplicado las medidas legales y fiscales que han dado alas a la burbuja inmobiliaria (como la aprobación de la Ley del Suelo del PP, auténtico banderazo de salida para la apoteosis de la especulación inmobiliaria) y han mantenido una actitud completamente ajena y desprevenida sobre los riesgos que se estaban acumulando.

El informe económico de la Presidencia del Gobierno de 2007 (p. 44) quizá sea una manifestación clara de la imprevisión y del despiste con que se ha actuado frente a una crisis que se estaba ya anunciando por multitud de analistas: "El riesgo de una desaceleración brusca como consecuencia de comportamiento del mercado hipotecario norteamericano o del déficit por cuenta corriente de Estados Unidos es bastante reducido".

Y dirigentes de ambos gobiernos, como el gobernador del Banco de España a propuesta del Partido Popular, Jaime Caruana, o el ministro de Economía y Hacienda, Pedro Solbes, hicieron oídos sordos a la denuncia de los inspectores del Banco de España que en una carta a ambos les advirtieron del riesgo que suponía dejar que aumentara el endeudamiento que estaba generando en beneficio propio la banca española.

Y, por si faltaba algo, el estallido de la deuda soberana

Como otros países, España hizo un gran esfuerzo presupuestario para hacer frente a la crisis, para ayudar a los bancos y para financiar un ambicioso plan de apoyo. Pero, como la crisis mermaba los ingresos públicos, resultó que en muy poco tiempo se multiplicó el déficit público y aumentó la deuda del Estado.

A diferencia de lo que ocurrió en Estados Unidos, el Banco Central Europeo decidió que no financiaría a los gobiernos (al final tuvo que hacerlo para evitar que se hundiera toda la economía europea y el propio euro, pero lo hizo tarde, de forma improvisada, casi clandestina e insuficiente, de modo que no se eliminó el problema de fondo) y eso los obligó a ponerse en manos de los "mercados" (en realidad, de los bancos y de los grandes grupos inversores que compran su deuda). Éstos aprovecharon la ocasión para extorsionarlos e imponerles reformas que las patronales venían reclamando desde hacía años: en el mercado de trabajo, en el sistema de pensiones y poco a poco privatizando servicios públicos.

Ninguna de estas reformas tiene relación con el origen de la crisis, forma parte de las mentiras con que se le ha dado respuesta pero lo que han producido, en lugar de mejorar la situación económica, es su empeoramiento, lo que dificulta aún más la creación de empleo y provoca un nuevo problema a la economía española que puede terminar siendo intervenida, como la griega, la irlandesa o la portuguesa para "rescatarla", aunque eso en realidad significa rescatar a los bancos para que puedan pagar a sus acreedores alemanes o franceses.

Muchas crisis en una y una gran crisis con muchas caras

En resumen, la debilidad del mercado interno, la carencia de resortes endógenos potentes que no fueran la construcción y el endeudamiento que hubieran podido servir como motores de la actividad económica, la dependencia de la financiación externa, el problema estructural de precios que padece la economía española y el déficit exterior desmesurado habían ido dejando a la economía española sin apenas capacidad de respuesta cuando se comenzaron a producir, casi al mismo tiempo, amenazas externas e internas.

Es difícil considerar si el detonante inicial de los problemas en España fue la crisis financiera importada del exterior, el estallido de la burbuja inmobiliaria que ya se había producido un poco antes o la combinación de ambas circunstancias. Pero lo que sí parece fuera de toda duda es que el modo en que venía funcionando la economía española habría terminado por provocar la crisis que se ha producido con independencia de que hubiera estallado o no la de las hipotecas basura con todas sus secuelas.

Y eso significa que es una ilusión tratar de salir de la crisis sin abordar estos males estructurales de nuestra economía.

III

Lo que hay que solucionar: agenda para una economía más justa y eficiente

Las causas de la crisis que hemos analizado en los dos capítulos anteriores nos muestran que no estamos ante una perturbación cualquiera porque, se mire por donde se mire, esta crisis es el resultado de defectos muy profundos, arraigados y extendidos en la economía y la sociedad capitalistas.

Y esto no lo decimos solamente los economistas más progresistas y críticos. Incluso tuvo que ser reconocido por los propios dirigentes conservadores cuando la crisis empezó a manifestarse con toda su crudeza. Quizá las declaraciones que se hicieron más famosas fueron las del presidente francés Sarkozy cuando reiteraba que la crisis obligaba nada más y nada menos que a "refundar el capitalismo", a "moralizarlo" o a instaurar "un nuevo orden", palabras hasta entonces más propias de personas de izquierdas que de líderes moderados y de derechas que no suelen caracterizarse por su animadversión hacia el capitalismo.

Compromisos en saco roto

Pero no fue sólo Sarkozy. Las cumbres del G-20 de Washington de noviembre de 2008 y la de Londres de abril de 2009 reconocieron también claramente que la crisis afectaba a lo más profundo de las economías capitalistas y los líderes que se reunieron allí no escatimaron palabras rimbombantes para calificar la situación y decir al mundo que arreglarían el problema sin dilación. En el comunicado final de la de Londres dijeron que "nos enfrentamos al mayor reto para la economía mundial de la era contemporánea", reconocían que "los grandes fallos en el sector financiero y en la regulación y la supervisión financieras [...] fueron causas fundamentales de la crisis" y que asumían un "compromiso inquebrantable de cooperar" para "hacer lo que sea necesario para restablecer la confianza, el crecimiento y el empleo, reparar el sistema financiero para restaurar el crédito, reforzar la regulación financiera para reconstruir la confianza, financiar y reformar nuestras instituciones financieras internacionales para superar esta crisis y evitar crisis futuras, fomentar el comercio y la inversión globales y rechazar el proteccionismo para apuntalar la prosperidad, y construir una recuperación inclusiva, ecológica y sostenible".

Sabían lo que había ocurrido, al menos en sus manifestaciones más importantes, y se atrevieron a decir al mundo que iban a hacer cualquier cosa para salir de la crisis de manera ("inclusiva, verde y sostenible") que hubiera satisfecho incluso a los más radicales. Lo malo fue que no cumplieron su palabra y que al final sus propuestas de reforma se han quedado en casi nada.

Dos o tres años después de ese "compromiso inquebrantable" lo cierto es que el sistema financiero sigue actuando básicamente bajo los mismos principios. Se sigue permitiendo que se generen burbujas especulativas y que los bancos las alimenten desatendiendo la financiación a empresas y consumidores. Se ha dejado que financieros con los mismos pocos escrúpulos que los que difundieron las hipotecas basura ahora arruinen países enteros apostando especulativamente contra su deuda soberana (que ellos mismos provocaron).

Se han hecho algunos cambios de fachada pero los paraísos fiscales siguen actuando y la mayoría de los bancos y las grandes empresas (28 de las 35 más grandes españolas según un informe reciente) los utilizan para facilitar la evasión fiscal y los delitos económicos de sus clientes. Se han modificado las normas que regulan las exigencias de capital de los bancos en los llamados Acuerdos de Basilea pero de forma tan moderada y descafeinada que ni serán de aplicación rápida ni completa.

No sólo no se han tomado medidas efectivas para lograr la transparencia prometida o que eviten en el futuro nuevas recaídas de la banca internacional, sino que se han acordado normas que van por la vía contraria: por ejemplo, permitir que los bancos valoren en sus balances sus propiedades a precios de adquisición, mucho más altos, y no a los actuales de mercado, mucho más bajos, para así disimular sus pérdidas. O se han realizado pruebas de estrés bancario para saber si los bancos están o no en buena situación patrimonial, claramente manipuladas también para ocultar la realidad. Así lo demuestra el hecho de que los bancos irlandeses las pasaran con éxito en 2010 y semanas después hubiera que inyectarles 80.000 millones de euros porque resultó que estaban en la ruina.

Es verdad que gracias a los programas de gasto masivo de los gobiernos se pudo evitar un desastre y que se apreciaran los llamados "brotes verdes" pero, como analizamos anteriormente, durante muy poco tiempo y con fuerza tan escasa, sobre todo en Europa, que, en lugar de acabar de verdad con la crisis, lo que provocaron fue que detrás de ellos viniera el gravísimo problema de la deuda y la intervención de Estados soberanos.

MÁS DE LO MISMO Y EMPEORAMIENTO DE LA SITUACIÓN ECONÓMICA

La prueba de que no se han tomado las medidas adecuadas es que, según la Organización Internacional del Trabajo (OIT), el número de personas desempleadas en el mundo registró un récord histórico de 205 millones de desempleados al inicio de 2011, que haya aumentado también la pobreza o las personas que pasan hambre y que la actividad económica no se haya recuperado aún con suficiente consistencia como consecuencia de que las autoridades no han logrado lo principal: que fluya de nuevo el crédito para la creación de empleo y riqueza productiva. Aunque, por el contrario, lo que sí viene ocurriendo es que aumenta el número de personas con grandes fortunas, el de las que tienen al menos un millón de dólares subió el 8,3 por ciento hasta los 10,9 millones de personas en 2010, lo que significa que el 0,16 por ciento de la población mundial se apropia ya del equivalente al 66 por ciento de los ingresos mundiales anuales.

Hasta el propio Fondo Monetario Internacional ha reconocido que la crisis y las medidas que se están tomando están incrementando la desigualdad social en el mundo. Lo que, dicho de otra manera, significa simplemente que con la excusa de salir de la crisis lo que en realidad ha conseguido es favorecer aún más a los propietarios del gran capital y a las clases más ricas.

Esto es igualmente evidente en España, en donde las reformas que se han adoptado no han logrado disminuir el paro ni mejorar el crédito ni aumentar la actividad pero sí aumentar el contraste entre las ganancias de los trabajadores y las de los bancos y de las grandes empresas.

Los beneficios de las 35 mayores empresas españolas que cotizan en Bolsa fueron de 51.613 millones de euros en 2010, lo que supone una subida del 24,7 por ciento con respecto al año anterior, mientras que los salarios perdieron 2 puntos porcentuales de poder adquisitivo en ese mismo año, cuando sólo subieron alrededor del 1 por ciento frente al 3 por ciento de la tasa de inflación.

Así, mientras que los bancos y las grandes empresas logran esos beneficios elevadísimos, las pequeñas y medianas siguen sufriendo la escasez de crédito y la exigencia de tipos y condiciones de garantía más elevada. Así lo señalaba a principios de 2011 un estudio de las Cámaras de Comercio al indicar que el 87,3 por ciento de las pequeñas y medianas empresas declaran problemas para acceder a la financiación.

En definitiva, los líderes mundiales no han aplicado ni a nivel global ni en sus respectivos países ni siquiera las medidas que se habían comprometido a poner en marcha. En lugar de ello rápidamente se limitaron a volver a aplicar las políticas neoliberales de austeridad y recortes salariales que han procurado que aumenten los beneficios pero no el empleo ni la creación de riqueza. Y se ha podido comprobar, por ejemplo en el caso de Irlanda, que los países que han sido alumnos más aventajados a la hora de aplicar estas últimas han sido los que están sufriendo peores resultados en sus economías, mientras que los que optaron por separarse de la ortodoxia neoliberal han podido evitar con mayor facilidad las consecuencias de la crisis.

Por eso, frente a la impotencia, o la falta de voluntad, de las autoridades para resolver los auténticos problemas que han dado lugar a la crisis, es más urgente que nunca proponer y aplicar otras medidas y políticas alternativas que de verdad puedan hacernos salir de hoyo en el que se encuentran nuestras economías.

A nuestro juicio estas políticas deben estar encaminadas a hacer frente a cuatro cuestiones principales cuya resolución nos parece imprescindible para salir de la crisis.

La primera se refiere a la reforma profunda de las finanzas internacionales y de la actividad bancaria para garantizar que la creación de empleo y riqueza disponga de recursos y financiación suficientes.

La segunda se orienta a crear las condiciones que permitan volver a crear empleo de modo sostenible y decente, algo que no va a ser posible manteniendo el modo de producir y de consumir que ha predominado hasta ahora.

La tercera se refiere a la imperiosa necesidad de poner fin a la causa última que provoca la crisis y que, como hemos señalado, no es otra que el impresionante incremento de la desigualdad en todas sus manifestaciones.

La última tiene que ver con un aspecto que igualmente tiene un papel fundamental como desencadenante de los problemas económicos que sufrimos en nuestra época: el necesario cambio de nuestra posición en el mundo de la economía, de nuestra cultura, de nuestros valores y de nuestros comportamientos personales.

A continuación abordaremos las cuestiones más generales que plantea todo ello y en los siguientes capítulos analizaremos las cuestiones más concretas.

REFORMAS FINANCIERAS PENDIENTES, REFORMAS INEVITABLES

Para salvaguardar los intereses de los bancos más poderosos del mundo las autoridades económicas nacionales y los grandes organismos internacionales evitan llevar a cabo reformas fundamentales en el sistema financiero y en el conjunto de la economía, y eso a pesar de que ellos mismos reconocieron algunas como inevitables. Aunque, eso sí, lo reconocieron cuando estaban asustados al inicio de la crisis, con los bancos sobre la lona como boxeadores completamente groguis, para olvidarlas cuando los banqueros empezaron a recuperarse y a retomar el poder de siempre.

Si se quieren evitar los problemas de inestabilidad y perturbaciones financieras constantes y poner fin a la permanente carencia de recursos financieros para crear la actividad que satisface las necesidades humanas, es imprescindible, a nuestro entender, llevar a cabo, al menos, reformas que persigan objetivos como los siguientes.

Someter a las finanzas

La primera de ellas es la orientada a someter a las finanzas y a los financieros a la legalidad y a principios de comportamiento semejantes a los que habitualmente se exigen al resto de las personas y empresas, de responsabilidad, transparencia, simetría, veracidad, etcétera.

La crisis que estamos viviendo es en realidad la historia de una serie de estafas cometidas por banqueros y entidades financieras en los últimos años que culminaron con la difusión masiva de un producto cargado de falsedad y riesgo estratégicamente disimulados.

Sólo en España se han producido casos como los de Gescartera, una trama política, financiera y eclesiástica, que hizo desaparecer más de 20.000 millones de euros, o el engaño sistemático de los bancos a miles de personas al incorporar cláusulas engañosas en sus contratos hipotecarios en forma de swaps, clips o diferentes formas de "seguros" que en realidad eran productos financieros opacos y muy arriesgados que finalmente les han hecho perder docenas de miles de euros. En muchos casos los propios directores de las sucursales reconocen que ni ellos mismos sabían la naturaleza real del arriesgado producto financiero que colocaban de cualquier manera a sus clientes.

Es de dominio público que casi cualquier sucursal bancaria se ofrecía en España a blanquear cualquier cantidad de dinero a sus clientes, sobre todo si éstos eran adinerados, que los bancos han sido los principales cómplices de las personas que han evadido dinero a Hacienda y que la mayoría de ellos ha dispuesto y sigue disponiendo de sedes en paraísos fiscales para ello. Y las autoridades monetarias de todo el mundo son perfectamente conscientes de que los bancos llevan a cabo de forma habitual operaciones financieras que no aparecen en sus balances o que sirven de canal para que se realicen los negocios más sucios y deleznables de tráfico de armas, de drogas o de personas. Sin embargo, prácticamente nadie, salvo personajes de segunda fila y en los casos menores, ha pagado por ello.

Esta forma de actuar y la impunidad que suele acompañarla constituyen, además, un problema que no es sólo financiero o económico, sino también político y social puesto que los financieros que ganan cada vez más dinero rápida y fácilmente de esa forma adquieren a su vez un poder extraordinario al margen de los gobiernos y de los demás poderes representativos, y así logran una capacidad completamente antidemocrática de decidir y de imponer su voluntad al resto de los ciudadanos.

Acabar con la desnaturalización del negocio bancario

Para evitar que las fuentes de inestabilidad financiera crezcan sin parar haciendo saltar constantemente las bases de toda la economía mundial, como viene sucediendo en los últimos años, es también inevitable poner fin a la actuación de los bancos y del sistema financiero en general como mecanismos a través de los cuales se canaliza el ahorro hacia la actividad especulativa y como creadores artificiales de una deuda que está a punto de hacer que se colapse la economía mundial.

Y no basta, como la experiencia ha demostrado, con aumentar tímidamente sus exigencias de capital, es decir, con elevar un poco la cobertura real de las operaciones de naturaleza ficticia que han convertido en su negocio principal, tal y como se ha hecho en la revisión de los acuerdos de Basilea que regulan el funcionamiento de la banca internacional.[1]

Hay que ir mucho más lejos. Se trata de acabar con la situación absurda a la que ha llevado el capitalismo convertido en un casino financiero de nuestros días. Cada día hay más recursos circulando en torno a operaciones financieras ficticias (actualmente 4 billones de dólares diarios sólo en los mercados de divisas según el Banco Internacional de Pagos) que no aportan riqueza material alguna, sino sólo cifras más abultadas en las cuentas bancarias de los grandes financieros. Y, mientras tanto, la actividad productiva, los empresarios y los emprendedores, los trabajadores autónomos, los consumidores y los organismos y las organizaciones internacionales que luchan contra la pobreza y el hambre tienen restricciones de crédito para poder generar bienes y servicios que satisfagan las necesidades humanas.

¿De qué sirve, por ejemplo, que haya cada vez menos bancos y cada vez más grandes bancos globales que operan en decenas de países y que usan sus beneficios multimillonarios para comprar nuevos bancos si a la hora de poner en marcha los pequeños o medianos negocios, que son los que crean empleo, es cada vez más difícil y más caro disponer de la financiación necesaria?

En el capítulo VII comentaremos con más detalle las medidas concretas que se pueden adoptar para avanzar en este cami-

---

1. Un análisis de las nuevas medidas de regulación que se han adoptado, incluidas las de Basilea, en Juan Torres López, *La crisis de las hipotecas basura*...., op. cit., p. 138 y siguientes.

no, que es fundamental, puesto que mientras no se aborde será imposible que se recobre el necesario flujo de crédito a la economía real y que no vuelvan a darse nuevas crisis como la actual.

Poner fin al terrorismo financiero

Casi todas las crisis financieras que se han producido en los últimos cuarenta años han estado ligadas, o han terminado por estarlo, con ataques de fondos financieros contra intereses nacionales, contra monedas o contra la deuda soberana de los países.

Eso es justamente lo que está ocurriendo hoy día en Europa, porque se ha dejado, como ha ocurrido antes en otros lugares del mundo, que grandes bancos y fondos financieros, mediante rumores que ellos mismos extienden o con la complicidad criminal de las agencias de calificación, generen las condiciones que les permiten ganar más dinero especulando contra la deuda de los Estados.

De esa manera la encarecen artificialmente y además utilizan para ello los recursos que deberían usar para financiar a empresas y consumidores, y así provocan un verdadero caos económico de terribles consecuencias, sobre todo para la población, a quien luego los propios especuladores impone las políticas que les convienen para seguir ganando dinero sin cesar.

Es preciso evitar esta forma de terrorismo o de "crímenes económicos contra la humanidad".[2] Existen fórmulas para ello y sabemos, además, que han funcionado en otras épocas. E incluso organismos tan apegados a los poderes financieros como el Fondo Monetario Internacional o el Banco Mundial han tenido que reconocer, aunque haya sido con la boca pequeña, que estarían justificadas y que si se adoptaran en momentos de gravedad evitarían daños muy graves, como los que viene sufrien-

2. Lourdes Benería y Carmen Sarasúa, "Crímenes económicos contra la humanidad", *El País*, 29-III-2011.

do la economía desde hace tiempo. Entre ellas, las que nos parecen más importantes y urgentes son las siguientes:

1. Control de los movimientos de capital para evitar que su volatilidad desmedida cuando sólo persiguen fines especulativos se traslade al conjunto de la financiación y de la economía.

2. Establecimiento de impuestos y tasas internacionales, por supuesto sobre los movimientos especulativos para desincentivarlos y obtener financiación urgente para financiar el desarrollo, pero también sobre el conjunto de las actividades económicas puesto que si la economía es global debe serlo también la justicia fiscal.

3. Prohibición del uso como instrumento especulativo de los llamados *derivados de incumplimiento crediticio* o *credit default swaps* (CDS), que con toda razón fueron calificados por el financiero Warren Buffet como "armas financieras de destrucción masiva". Se trata de unos productos financieros muy sofisticados que se asimilan a los seguros pero que en realidad no lo son porque se establecen sobre algo que no es propiedad del asegurado y por eso producen resultados catastróficos: si por ejemplo alguien va a cobrar mediante este seguro en caso de que arda la casa del vecino, no sólo no le va a importar que arda sino que incluso puede interesarle hacer lo posible para que se incendie cuanto antes.

4. Control de la actuación de los financieros que a su vez controlan los mercados de derivados (que supone unos 700 billones de dólares) y los *hedge funds*. Algo que no es difícil si se tiene en cuenta que el 80 por ciento de estos últimos está radicado en la City de Londres y que el mercado de los primeros está controlado, según *The New York Times*, por una élite que se reúne el tercer miércoles de cada mes en algún lugar del Midtown de Manhattan que, aunque sea secreto, no debe resultar muy difícil para las autoridades dar con él.[3]

3. Según este diario "los miembros de esta élite de Wall Street se reúnen el tercer miércoles de cada mes en el Midtown de Manhattan y comparten un objetivo común: proteger los intereses de los grandes bancos en el mercado de derivados, uno de los ámbitos más lucrativos y controvertidos de las finanzas, que tienen un secreto común: los detalles de esos encuentros y sus

5. La separación de la banca comercial, es decir, la que se dedica a financiar la actividad económica, de la que se dedica a llevar a cabo inversiones financieras y, como veremos, poner fin al privilegio que tiene la banca privada de crear dinero y, por tanto, de obtener beneficio y poder cada vez que concede un préstamo.

Vigilar a los vigilantes

Como hemos señalado, gran parte de los problemas que viene sufriendo la economía internacional, y la española en particular, se debe a que los vigilantes no vigilaron con la debida diligencia. Por torpeza, por ceguera ideológica o por simple complicidad con los banqueros privados, los bancos centrales y los gobiernos han dejado hacer de todo durante estos años.

Significativamente, a medida que los negocios financieros se iban haciendo más complejos y poco transparentes, y por tanto más peligrosos, las autoridades han relajado la vigilancia en lugar de reforzarla. En Europa, por ejemplo, ya se regula y controla a nivel comunitario casi cualquier tipo de actividad por secundaria que sea y, sin embargo, en lugar de haber dispuesto de una única y potente supervisión financiera se ha permitido que hubiera ¡27 supervisores bancarios!, justamente lo que conviene a entidades que, como casi todas las de hoy día, operan en varios países y así pueden aprovecharse de los distintos criterios de supervisión.

El Banco Central Europeo fue incapaz de prevenir la crisis, tomó las primeras medidas con retraso, dio señales contradictorias, ha impuesto medidas de austeridad que han paralizado la salida de la crisis y se empeñó en no intervenir hasta que era demasiado tarde y ya era casi imposible evitar los daños provocados por los ataques especulativos a Grecia, Irlanda, Portugal o España y ha hecho que los costes de la crisis ahora resulten dramáticos para estos países.

identidades han sido estrictamente confidenciales". "A Secretive Banking Elite Rules Trading in Derivatives", *The New York Times*, 11-XII-2010.

Puede decirse con pleno fundamento que el Banco Central Europeo es responsable de que las consecuencias de la crisis sobre la población y en general sobre la economía europea hayan sido especialmente graves y de que los especuladores hayan realizado primero una extorsión y luego un verdadero saqueo de esos países.

Con toda la razón, el premio Nobel de Economía Paul A. Samuelson escribía en uno de sus últimos artículos que "las bancarrotas y las ciénagas macroeconómicas que sufre hoy el mundo tienen relación directa con los chanchullos de ingeniería financiera que el aparato oficial aprobó e incluso estimuló durante la era de Bush".[4]

En nuestro país ha ocurrido prácticamente lo mismo. El presidente Aznar afirmaba que "España va bien" cuando se estaba gestando la mayor burbuja inmobiliaria de nuestra historia gracias a las medidas que tomaba su gobierno; el gobernador del Banco de España no hacía caso alguno, como indicamos antes, a las advertencias de sus inspectores sobre el endeudamiento gigantesco que promovían irresponsablemente los bancos españoles, y el presidente Zapatero se empecinó en afirmar durante meses que no había crisis alguna y así perdió un tiempo precioso y favoreció al mismo tiempo que los banqueros levantaran cabeza y se recuperaran.[5]

Y, aunque también gracias a la influencia que la banca tiene en los medios de comunicación se ha conseguido hacer creer a la población que el Banco de España ha actuado con gran acierto frente a la crisis, lo cierto es que, como explicamos en el capítulo anterior, esa opinión no tiene mucho fundamento. A pesar de disponer de grandes recursos materiales y personales no se

4. Paul. A. Samuelson, "Bush y las actuales tormentas financieras", *El País*, 28-I-2008.
5. Una estrategia que ha resultado nefasta para él y para su formación política. Curiosamente, al principio de la crisis los ciudadanos respondían de forma mayoritaria en las encuestas que la responsable de la crisis era la banca. Poco a poco la influencia de la banca en los medios de comunicación fue decisiva y la opinión predominante en las encuestas terminó siendo que el responsable era Zapatero.

percató del peligro que se cernía sobre la economía española. En el Informe Anual de 2007 (escrito a mediados de 2008) todavía se refería a lo ocurrido en el año analizado como un "episodio de inestabilidad financiera", y un año antes no advirtió nada especialmente peligroso. En su página 25 se escribía que "en los primeros meses de 2007 ha proseguido la fase de expansión de la economía española y las perspectivas apuntan a su continuidad en el horizonte más inmediato" y sólo señalaba "algunas incertidumbres sobre la continuidad del crecimiento de la economía" pero "en horizontes más alejados".

Los que se consideran a sí mismos los economistas capaces de decir a la sociedad lo que debe hacer, los que dicen que ahora hay que recortar salarios y pensiones porque presumen de que saben lo que va a pasar dentro de cincuenta años, resulta que no se dieron cuenta de la crisis que se nos venía encima cuando ya casi todo el mundo la sentía sobre sus espaldas.

En nuestra opinión todos estos comportamientos indican que para salir de la crisis es preciso también un cambio radical en el estatuto que tienen las autoridades monetarias y establecer un control social mucho más directo y auténtico sobre la clase política y sobre los poderes públicos, como la magistratura (que en tantas ocasiones ha sido aliada del poder financiero), para evitar que las finanzas se conviertan en un auténtico territorio sin ley. Es decir, para salir de la crisis hace falta también mucha más democracia, democracia real, como veremos en el capítulo IX.

Los necesarios cambios estructurales

La causa más inmediata de la crisis es, tal y como hemos señalado, la falta de financiación a empresas y consumidores. Por tanto, es cierto que si no se garantiza que vuelva a fluir será imposible que se salga de la crisis con suficiente seguridad y fortaleza, tal y como estamos viendo que ocurre claramente en España.

Pero lo grave de esta crisis es que esta primera e inmediata condición no es suficiente para salir adelante, en ningún lugar del mundo pero de un modo especial en nuestro país. Si se consiguiera que hubiera financiación suficiente pero se dirigiera al mismo tipo de actividad productiva y para llevarla a cabo de la misma forma y con el mismo uso que hasta ahora, los problemas estructurales que han coadyuvado a que la crisis se produzca volverán a aparecer y de nuevo nos encontraríamos en una situación insostenible desde el punto de vista económico, ambiental y social.

Como vimos en el capítulo anterior, la crisis singularmente grave de España, sobre todo desde el punto de vista del empleo, es el resultado de la combinación de varios factores de perturbación que tienen su origen en la prevalencia de un modelo de crecimiento que provoca la insuficiencia estructural de recursos endógenos, la utilización demasiado intensiva de recursos naturales y gran desigualdad y endeudamiento. Tres circunstancias que a medio, e incluso a corto plazo, son insostenibles y, por tanto, incapaces de soportar la generación de la actividad y el empleo a lo largo del tiempo. Si queremos salir de la crisis con más empleo y bienestar social, debemos empezar a sostener la actividad económica en otro tipo de actividades caracterizadas por un uso diferente, más equitativo, racional y sostenible de los recursos materiales, humanos y naturales.

Nuevas actividades productivas

Nos guste o no, es completamente imposible que España vuelva a recobrar los niveles de crecimiento y empleo de años anteriores basándose de nuevo en actividades vinculadas a la construcción, tanto en el sector inmobiliario como en el de infraestructuras de carácter tan claramente antieconómico y antisocial como los trenes de alta velocidad, las autovías o incluso los transportes de metro de la mayoría de las ciudades, concebidos y diseñados casi en exclusiva para proporcionar beneficio a sus constructores.

Por tanto, es imprescindible orientar los recursos a la generación de otro tipo de actividades de las que hoy día son capaces de generar mayor valor añadido y, al mismo tiempo, empleo, como, entre otras, las que tienen que ver con las energías renovables, con la innovación y las nuevas tecnologías, con la cultura, el ocio y la creación, con el reciclaje y el medio ambiente, con la agricultura, con los servicios sociales y los cuidados y, siempre, con las que permiten la producción más directa y descentralizada de los bienes y servicios que necesita la población o un componente más humano y cercano de conocimiento, habilidades personales o materiales y formación.

El problema para el desarrollo de esta nueva gama de actividades es que no hacen falta solamente muchos recursos financieros y humanos e incentivos potentes para promocionarlas y ponerlas en marcha. También se necesitan mercados, sinergias productivas y sectoriales, es decir, interrelaciones y apoyos de unas actividades con otras, experiencia, transportes adecuados, conocimientos previos para diseñarlas y materializarlas, empresas y organizaciones adecuadas para crearlas y desarrollarlas. Y, por supuesto, demanda solvente, no sólo con ingresos suficientes sino con preferencia hacia este tipo de nuevas actividades. Es decir, necesitan en realidad un nuevo tipo de sociedad, lo que nos enfrenta a una gran disyuntiva: cambiar es difícil pero continuar por el mismo camino es sencillamente suicida.

El difícil cambio de modelo

España se enfrenta a esta exigencia de cambio con tres grandes dificultades. La primera que, salvo en casos singulares, carece de casi todos esos requerimientos, al menos con la dotación o la generalidad necesarias.

Esta insuficiencia impide que el proceso de cambio productivo pueda ser solamente el resultado de fuerzas anónimas o impersonales de mercado. Se trata de una carencia más bien de capital social que de capital físico o financiero, en el sentido de que lo que se necesita es un tipo específico de contribución a la creación de renta nacional y de interrelación entre los sujetos económicos más que "dinero" o recursos materiales. Y, por esa razón, sólo puede ser el final de un proyecto social compartido, negociado, prediseñado y combatido porque, lógicamente, habría de enfrentarse a los intereses económicos y financieros que apuestan por un modo de entender la economía que lleve simplemente a la ganancia privada y de la forma más rápida y segura. Por eso un cambio como éste no es posible sin una presencia muy importante de los poderes públicos (en el sentido más estricto y radicalmente democrático de la expresión) como reflejo de las preferencias sociales y como garantía de que éstas se respetan a la hora de tomar decisiones. Y por eso es fundamental oponerse a la estrategia de debilitar el sector y la iniciativa pública que promueven los intereses que sólo buscan el beneficio. Lejos de ello, hay que fortalecerlos no sólo económicamente incrementando el gasto público, sino también políticamente, reforzando sus competencias y ampliando la forma en que la ciudadanía puede formar parte de ellos.

La segunda dificultad proviene de que España tiene hoy día la mayoría de sus recursos, una gran parte de su inteligencia colectiva, las grandes organizaciones y las empresas necesarias para servir de base a nuevas actividades (en energía, telecomunicaciones, transportes, distribución y finanzas, sobre todo), su sistema formativo y las actividades hasta ahora más capaces de generar ingresos vinculados a intereses foráneos como resultado de las privatizaciones ya llevadas a cabo y de la compra masiva de empresas y grupos de empresas españolas por capital extranjero.

Esto plantea la necesidad de poner sobre la mesa algo sobre lo que muy pocos quieren o se atreven a hablar pero que es crucial para el futuro de la economía española: la recuperación para la sociedad de las empresas que fueron privatizadas inútilmente, siguiendo simples criterios ideológicos neoliberales que sólo buscan beneficiar a grupos e intereses privados, y produciendo un perjuicio gravísimo, del que algún día tendrían que responder sus responsables políticos a la ciudadanía española.

A nuestro juicio será prácticamente imposible que España pueda corregir su rumbo económico y que pueda salir de la crisis sin sufrir durante muchos años sus consecuencias si no se devuelven al Estado estas empresas privatizadas y creemos firmemente que luchar por recobrarlas debe ser un objetivo patriótico al que no podemos renunciar para poder levantar nuestra economía y hacerla descansar sobre bases mucho más sólidas y equitativas.

La tercera dificultad es que una estrategia de esta naturaleza es contraria, como comentaremos en otros capítulos, a las dinámicas neoliberales dominantes en la Unión Europea y, sobre todo, a la idea según la cual lo que deben buscar las economías nacionales es ser competitivas en el exterior aunque eso, como veremos más adelante, lleve a un deterioro aún mayor de la demanda interna y al empobrecimiento generalizado.

En nuestra opinión la tendencia debe ser la contraria. No ha habido a lo largo de la historia economías que hayan llegado a ser competitivas de un modo sostenido y auténtico sin haber consolidado antes el más amplio posible y potente mercado interno. Tratar de ocupar posiciones de fortaleza en los mercados internacionales sin asegurar con anterioridad una fuente de ingresos endógenos potentes es completamente inviable, salvo que se trate de un país de dimensiones o recursos excepcionales, como pueda ser China en estos momentos.

Por eso creemos que la única estrategia capaz de lograr el cambio de modelo productivo del que casi todos los grupos políticos y sociales hablan no puede ser, como casi todos dicen, la de volcarse sin red (es decir, reduciendo nuestros salarios) en el exterior, sino la que consiga que la economía española dé la vuelta para concentrarse en sí misma, algo que de ninguna manera implica una tentación autárquica o aislacionista. Simplemente significa que se ha de anteponer a cualquier otro objetivo el de la satisfacción de la población, el del equilibrio territorial, sectorial y personal y, para que ello sea posible, el de distribuir de modo mucho más equitativo el ingreso y la riqueza.

La economía de la igualdad

Ya hemos comentado que la causa última que está detrás de la hipertrofia de las actividades financieras especulativas es la enorme desigualdad que se ha ido produciendo en los últimos cuarenta años. La continua pérdida de peso de los salarios y la concentración de las rentas en una proporción cada vez más pequeña de la población es lo que ha permitido, por un lado, que creciera el negocio bancario y, por tanto, el poder político de los banqueros como consecuencia del inevitable mayor endeudamiento que sufren principalmente las familias, los trabajadores autónomos y los pequeños y medianos empresarios. Y, por otro, que se acumulara una cantidad tan grande de dinero ocioso, que no dirige al consumo de bienes y servicios sino sólo a la inversión ficticia en papel y productos financieros muy rentables pero de alto riesgo.

Como comentaremos con más detalle a la hora de hacer propuestas más concretas en otros capítulos, reducir la desigualdad no es sólo una cuestión de deseo moral, que ya de por sí es importante. Además es la forma de hacer que las economías, incluso las capitalistas, funcionen mejor puesto que la distribución más igualitaria proporciona ingresos más repartidos que se destinan en mayor medida a la adquisición de bienes y servicios, lo que proporciona mayor oportunidad de ventas y, por tanto, de beneficios a las empresas. Cuanto más concentrada esté la renta, menor será el volumen de producción necesario para satisfacer la demanda de consumo (que en el capitalismo sólo puede realizar quien tenga dinero) y el número de empresas necesarias para realizarla.

Los datos, como ya mencionamos, no dejan la menor duda sobre este asunto. En 1976 el 1 por ciento más rico de Estados Unidos recibía el 9 por ciento de los ingresos brutos y en los años de gobierno de Bush recibía el 20 por ciento de los ingresos brutos, apropiándose del 75 por ciento de la riqueza generada.[6]

Además este incremento de la desigualdad no se manifiesta solamente en la concentración tan exagerada de la renta que se canaliza hacia los mercados financieros sino que tiene una manifestación multidimensional que afecta de forma negativa a todos los aspectos de la vida social.

Por eso la única forma de salir con certeza de la crisis y de evitar que otras más graves vuelvan a producirse con mayor fuerza de las que se vienen produciendo, y, por supuesto, la mejor y más auténtica vía para avanzar hacia una sociedad más justa y humana, es combatir la desigualdad en todas sus manifestaciones.

Desde el punto de vista económico eso implica actuar de forma inevitablemente complementaria en dos frentes.

Por un lado, en los procesos en donde se originan los ingresos, es decir, en la retribución por el uso del trabajo y del capital del que disponga cada uno.

Por otro, en el campo de la llamada redistribución de la renta, que es la que lleva cabo el Estado a través de su gasto público (mediante pensiones, servicios públicos, ayudas, becas, subvenciones, etcétera) o de los impuestos para tratar de corregir la distribución "originaria" anterior.

La actuación debe ser complementaria en ambos campos porque si la distribución originaria es muy desigual será muy costoso reducirla, no sólo financieramente sino también políticamente porque los más beneficiados adquirirán de esa forma mucho poder y podrán evitar que se tomen medidas correctoras. Y además porque, aunque la distribución originaria sea más o menos igualitaria, siempre habrá circunstancias personales, accidentales o no deseadas que requieran la acción correctora o paliativa del Estado.

Lograr que en los mercados de factores productivos, donde se retribuye al trabajo y al capital, se produzca una distribución más igualitaria no es fácil y la experiencia nos dice que resulta casi imposible si se deja que los trabajadores que intervienen no

6. David DeGraw, "The Economic Elite vs. People of the USA", *Ampedstatus Report* 2010.

tengan protección alguna, por la sencilla razón de que parten de una posición muy desigual a la hora de negociar.

Los factores que desprotegen a los trabajadores y que los llevan a tener que aceptar condiciones salariales o retributivas más desfavorables (disminuyendo tanto su salario individual como su salario colectivo, protección social), y por tanto los que aumentan la desigualdad originaria, son muy variados y no sólo económicos: escasa presencia de sindicatos, negociación "uno a uno" o poco centralizada, desempleo abundante, falta de formación, carencia de normas o leyes laborales que fijen derechos laborales, etcétera. Todos ellos dejan más solos a los trabajadores frente a sus empleadores y, por tanto, hace que éstos dispongan de mayor poder para imponerles peores condiciones de salario y trabajo.

Lo que precisamente ha ocurrido en los últimos años es que los propietarios del gran capital han logrado imponer a través de políticas y reformas legales estas circunstancias que son las que han hecho que disminuyan los salarios en el conjunto de las rentas, la participación de los trabajadores en el reparto de la tarta y que, en consecuencia, aumente la desigualdad. Y lo que a corto plazo resulta, por tanto, imprescindible es invertir esta tendencia para lograr una distribución de los ingresos más equitativa porque sólo de esa forma se va a poder conseguir que se amplíe la demanda solvente, lo que, en las condiciones de economías capitalistas de mercado en las que nos encontramos, se necesita para que se puedan producir más bienes y servicios.

Nuestra propuesta en este sentido es que para salir de la crisis y poder poner en marcha el cambio en el modelo productivo, que no afecta solamente al tipo de actividad económica a llevar a cabo sino también al tipo de uso que se haga de los factores productivos, se hace imprescindible un gran pacto nacional de rentas orientado a garantizar, como comentaremos más concretamente en el capítulo VI, una participación más elevada de los salarios en la renta nacional, única forma de sostener la demanda interna, de fortalecer el mercado, de evitar la deriva especulativa y de garantizar, por tanto, el cambio hacia el modelo productivo al que hemos hecho referencia con anterioridad.

Para lograr un objetivo de esa naturaleza hay que tener en primer lugar preferencia (social) y voluntad (política) para alcanzarlo. La primera se crea mediante estímulos, incentivos, cultura y, sobre todo, garantizando y promoviendo el debate social democrático. La segunda es el resultado del pulso que constantemente echan entre sí los diferentes grupos sociales.

Pero, además de ello, se necesitan instrumentos, medidas de actuación.

Entre las más importantes de las relativas a las rentas originarias se encuentran, por encima de cualquier otra, establecer las condiciones que permitan la generación de empleo decente y estable, que analizamos en el siguiente capítulo, y otras como la política de salarios mínimos, el fomento del empleo indefinido, la negociación de las ganancias de productividad, la participación de los trabajadores en las empresas, las políticas de igualdad y las medidas de responsabilidad y corresponsabilidad en su seno, la promoción de nuevas formas de propiedad cooperativa y social. Y en relación con la redistribución de la renta, tal y como veremos en los capítulos siguientes, es imprescindible recuperar el valor y el aprecio a los impuestos como instrumento de cohesión social, la generación de capital social suficiente y crear un modo de producir y de consumir que no sea a la postre depredador de los recursos que utiliza y de los ecosistemas en los que actúa.

OTRA ECONOMÍA, OTRAS RELACIONES SOCIALES, OTROS SERES HUMANOS

No podemos soslayar el hecho fundamental de que los problemas que estamos viviendo son en realidad un momento de una crisis que va mucho más allá de lo puramente financiero o económico. Los acontecimientos que se han producido, la quiebra de instituciones gigantescas; el sometimiento del planeta, de cientos de millones de personas ante los designios de unos pocos inversores ocultos ante la máscara de "los mercados", como si en realidad no fueran nada ni nadie, sino una especie de fuerza impersonal y aséptica; la ignominia que supone que entidades bancarias (también personas normales y corrientes sabiendo o no lo que hacen) inviertan para lograr que suban los precios de los productos alimenticios (como antes hacían con las viviendas), lo que da lugar a que mueran de hambre docenas de millones de personas; el engaño civil que supone la puesta en marcha de reformas laborales, de las pensiones o de los servicios públicos a sabiendas de que lo que van a conseguir no es lo que se le dice a la población sino el mayor beneficio de unos pocos; la destrucción del planeta, la indiferencia ante su degradación o ante la generalización de un modo de producir que genera más desechos que bienes; la generalización de situaciones de exclusión y de discriminación que son realmente las que permiten la sumisión necesaria para que todo esto pueda darse... Todo ello, la mitificación del dinero, la universalización de lo mercantil que lleva a que todas las dimensiones de nuestra vida humana se hayan puesto en venta, la avaricia descontrolada, el cultivo del egoísmo y el fomento de la desinformación o la constante manipulación de las conciencias, nos indica que si todo lo que hemos comentado se ha podido producir es porque alguien con demasiado poder ha logrado poner el mundo "patas arriba", invertir los valores y las prioridades y llevarnos a los seres humanos por un camino que no es el que nos permite alcanzar plenitud como tales y que no es otro que aquel en el que predomina la cooperación y no la competencia agresiva, la solidaridad y no el combate, la paz y no la violencia.

Por eso en la nueva agenda que debemos abrir para tratar de salir con más bienestar de la situación en la que estamos debemos incluir, como haremos en el penúltimo capítulo, una estrategia apropiada que nos permita ir cambiando de rumbo y encaminarnos hacia horizontes de mayor humanidad y armonía con la naturaleza.

IV

Las condiciones para crear empleo decente

El problema social que con mayor gravedad afecta a los ciudadanos es la falta de empleo, y es natural. La mayoría de las personas podemos vivir y satisfacer nuestras necesidades gracias a los ingresos que nos proporciona el trabajo remunerado o las pensiones que se reciben precisamente por haber tenido con anterioridad empleos y haber cotizado a la Seguridad Social en ellos.

Por eso es lógico que la mayoría de la población desee que las políticas de los gobiernos se encaminen a facilitar la creación de puestos de trabajo y que los políticos siempre se presenten ante la gente como preocupados por conseguir este objetivo.

Pero en este campo, como en ningún otro, no debemos ser ingenuos. En apariencia todos estamos interesados en que se cree el mayor número de empleos pero eso es sólo una apariencia porque también hay grupos de interés muy poderosos a quienes no les conviene que haya pleno empleo y que todas las personas que lo deseen dispongan de un puesto de trabajo bien remunerado.

Así lo han detectado muchos científicos y es algo que incluso han reconocido muchos dirigentes políticos. El que fue ministro español de Economía, Carlos Solchaga,[1] lo expresó claramente en un libro en el que comentaba su experiencia de gobierno: "La reducción del desempleo, lejos de ser una estrategia de la que todos saldrían beneficiados, es una decisión que si

---

1. Carlos Solchaga, *El final de la edad dorada*, Taurus, Madrid, 1996, p. 183.

se llevara a efecto podría acarrear perjuicios a muchos grupos de intereses y a algunos grupos de opinión pública".

Eso es así porque cuando hay un alto nivel de desempleo se puede contratar el trabajo a salarios más bajos ya que hay más personas que desean trabajar pero que no encuentran empleo y, por tanto, estarán dispuestas a aceptar sin rechistar las condiciones de trabajo que les ofrezcan.

En nuestro país hemos podido comprobar en los últimos años que la presencia de gran número de inmigrantes ha sido utilizada para contratar a más bajo salario y que incluso ha sido fomentada la presencia de trabajadores sin papeles precisamente porque su estado de mayor necesidad permite a empleadores que sólo buscan el máximo beneficio contratarlos en condiciones más favorables para ellos.

El interés que puedan tener algunos grupos sociales poderosos en que haya desempleo es, por tanto, algo que no se puede olvidar para entender por qué en los últimos años todo el mundo habla de crear empleo y, a la postre, no se crea el suficiente y el que se crea es de baja calidad, con malas condiciones de trabajo, pocos derechos reconocidos y de bajo salario.

En cualquier caso, para poder determinar lo que más conviene hacer para crear puestos de trabajo, vamos a repasar en primer lugar las ideas que defienden al respecto quienes nos gobiernan; después vamos a mostrar que antes y ahora, en plena crisis, se corresponden poco con la realidad, y finalmente indicaremos, a la vista de la experiencia real, cuáles son las condiciones que a nuestro juicio sí permitirían crear el empleo que necesita nuestra economía y nuestra sociedad.

LAS CAUSAS DEL PARO Y LAS CONDICIONES PARA CREAR EMPLEO

La fórmula que se viene presentando desde hace años como la adecuada para crear empleo la conocen perfectamente todos los ciudadanos porque se repite hasta la saciedad. En efecto, es muy habitual leer en prensa titulares como los siguientes que han terminado por convertirse en el credo dominante: "El Banco de España insiste en moderar salarios para crear empleo", "El Banco de España urge moderar los salarios para evitar los despidos", la CEOE (es decir, la organización patronal que defiende los intereses de los empresarios) "insiste en que se debe seguir con la moderación salarial para propiciar la recuperación del empleo".[2]

Pero si se afirma que lo que hay que hacer para crear empleo es reducir salarios no es porque haya evidencia científica de ello.

Las propuestas neoliberales

La idea que defienden los economistas y los políticos liberales es que el trabajo es una mercancía más que se compra y se vende en un mercado como otro cualquiera. Los trabajadores ofertan sus horas disponibles de trabajo en función del salario que esperan obtener (si es más alto, desearán trabajar más y, si es muy bajo, menos). Y las empresas demandan trabajo comparando el salario que han de pagar por él con la productividad que pueden obtener al utilizarlo.

De esa manera los liberales creen que se puede fijar un salario que iguala en un momento dado la cantidad ofertada por los trabajadores y la demandada por los empresarios y que, por tanto, representa una situación de pleno empleo.

Si el salario fuera demasiado bajo, habría una gran demanda de trabajo por parte de los empresarios pero insuficiente oferta de trabajo porque, dicen los defensores de este punto de vista, siendo el salario demasiado bajo, los trabajadores preferirían el ocio al empleo. Y si el salario fuera demasiado alto,

---

2. Estos titulares se han recogido de *El Diario de León* (www.diariodeleon.es/noticias/noticia.asp?pkid=53424), de *El Diario de Córdoba* (www.diariocordoba.com/noticias/noticia.asp?pkid=412886) y de *Euribor blog* (www.euribor.com.es/2011/04/12/).

ocurriría lo contrario: habría muchos trabajadores deseosos de trabajar, pero muchas empresas no estarían dispuestas a contratarlos a esos salarios tan elevados.

Por tanto, dirían los liberales, para que haya pleno empleo lo importante es que se den dos circunstancias. La primera, que los salarios sean suficientemente moderados porque si son muy altos las empresas no van a contratar a todos los trabajadores que deseen trabajar y habrá paro. Por eso los liberales afirman que el paro o desempleo es siempre *voluntario*, porque podría eliminarse simplemente si los trabajadores aceptan trabajar a salarios más bajos.

La segunda circunstancia para que haya pleno empleo es, por tanto, que los salarios puedan subir y bajar libre y fácilmente, que los trabajadores puedan ir sin dificultad allí donde haya un empresario demandando un empleo. Y que los empresarios puedan contratar allí donde lo necesiten y en las condiciones en que les resulte más apropiado. Cuando esto ocurre, se dice que el mercado de trabajo es flexible y, cuando no, que es rígido.

Y de esta segunda circunstancia los liberales deducen que para crear empleo lo que debe haber es la mayor flexibilidad posible en el mercado laboral. Mientras que el desempleo se explica porque hay factores que hacen que el mercado sea demasiado rígido.

Los factores que provocan esta rigidez son en realidad los mismos que hacen que los salarios sean demasiado altos y produzcan desempleo.

La mayoría de las personas, por poco informadas que estén, saben también cuáles son estos factores a los que se culpa de la rigidez en el mercado de trabajo y del paro, porque se hace constante referencia a ellos en los medios de comunicación y en los discursos políticos y de los economistas ortodoxos.

El más habitual y criticado es el de los sindicatos. Se afirma que crean rigidez porque defienden los intereses de los trabajadores y, por tanto, porque no aceptan cualquier nivel de salario ni cualquier condición laboral, es decir, porque han logrado a lo largo de toda su historia que se reconozcan normas laborales que protegen a la parte más débil de la relación de trabajo. Es fácil imaginar cómo serían las condiciones de trabajo (simplemente recordando cómo eran en el siglo XIX) si no hubieran existido sindicatos y si no se hubiera conseguido que se reconozcan los derechos de los trabajadores.

Otro factor que los liberales afirman que provoca rigidez son precisamente todas las normas que protegen a los trabajadores o que les conceden derechos: si hay salario mínimo, se dirá que no se crea empleo porque no se permite que haya empresas que puedan crear puestos de trabajo más baratos. Si hay subsidios para los desempleados, se dirá que entonces los parados preferirán vivir de las ayudas y que no aceptarán los empleos que se les ofrezcan. Si hay cotizaciones sociales elevadas para poder financiar pensiones dignas, se dirá que eso encarece el coste del trabajo. Si hay convenios colectivos que fijan condiciones de trabajo decentes para todos los trabajadores, se dirá que, además de encarecer el trabajo, se limita la libertad de contratación y que eso provocará desempleo...

Y, en consecuencia, los liberales defienden que, para poder crear puestos de trabajo suficientes, lo que hay que hacer es llevar a cabo continuas reformas en los mercados de trabajo para eliminar todos estos factores de rigidez y para proporcionar, por el contrario, la flexibilidad suficiente a las relaciones laborales que permita alcanzar el pleno empleo.

Estas ideas sobre el mercado de trabajo y la creación de empleo que se presentan como el último hito son realmente muy antiguas, de finales del siglo XIX. Cuando se han recuperado para darle cobertura ideológica a las políticas neoliberales, se han presentado bajo la forma de teorías económicas muy sofisticadas y con mucho aparato matemático para dar a entender que se trata de proposiciones científicas muy modernas, pero su sustrato final es el antiguo que acabamos de señalar por mucho que se presenten disfrazadas de modernidad a la opinión pública. Siguiendo estos principios, en los últimos años se han realizado multitud de trabajos orientados a mostrar que, por ejemplo en Europa o en España, existen factores de carácter institucional como los antes mencionados, que son los responsables de los altos niveles de empleo existentes. Y a propugnar, por tanto, que se reformen los mercados para eliminarlos y darles flexibilidad.

De esos análisis es de donde beben las políticas gubernamentales de los últimos años, como lo hace, por ejemplo, el último Pacto del Euro cuando afirma que lo que necesitan las economías europeas para crear empleo es ser más competitivas. Esto significa, como veremos más adelante, exactamente lo mismo que acabamos de mostrar: salarios más bajos porque se supone que así las mercancías se van a producir más baratas y, por tanto, que se van a vender con mayor facilidad y entonces emplear a más trabajadores. Lo que no explican, como también veremos más adelante, es a quién van a venderse esas mercancías de más si la población que podría comprarlas tiene cada vez menos capacidad de compra porque bajan sus salarios.

¿Se crea empleo con la receta liberal?

Las ideas que normalmente se propagan en los medios de comunicación y las que defienden los políticos y los economistas de ideología neoliberal son estas que acabamos de mostrar y se suelen presentar como si fueran verdades fuera de toda discusión. Pero la realidad es que son muchos los economistas que han demostrado que ese tipo de principios ni tienen consistencia lógica ni han producido los resultados que dicen en la realidad.

El más conocido de todos ellos quizá fuera John M. Keynes, el economista británico que mostró que la tesis según la cual la creación de empleo depende del coste del trabajo es una falacia porque, decía él, el trabajo es una mercancía muy especial y nunca va a ser posible que el salario baje como afirman los liberales. Y, sobre todo, decía Keynes, porque por muy bajo que sea el salario ¿para qué va a contratar a más trabajadores una empresa si no tiene clientes a quienes vender sus productos? A diferencia de los liberales, para Keynes la creación de empleo dependería, por tanto, no del nivel del salario sino de que hubiera suficiente demanda de bienes y servicios.

Y es que la tesis liberal según la cual la creación de empleo depende sólo del coste del trabajo y que inspira a las políticas neoliberales lleva a una conclusión que no puede calificarse sino de absurda e inaceptable: para cualquier nivel de producción se puede crear entonces tanto empleo como se quiera con tal de que los salarios sean suficientemente bajos.

Recientemente el análisis de la realidad de los mercados de trabajo, que en este libro no podemos exponer con detalle, ha mostrado con claridad que las cosas no funcionan como quieren hacer creer los neoliberales.

Por ejemplo, se ha podido comprobar en Francia y en otros países europeos que la evolución de la tasa de paro tiene que ver, sobre todo, con el número de horas de trabajo y no con la evolución de los salarios.

Autores como James Galbraith y Deepshikha Roy-Chowdhury han demostrado que en Europa y entre 1980 y 2005 no se da la relación que defienden los neoliberales sino todo lo contrario: las variaciones de los salarios y del empleo en ese largo periodo han ido de la mano porque cuando aumentaban los salarios aumentó también el empleo, y cuando se redujeron, bajó.

Muchos estudios han demostrado también en los últimos años que la tesis de la flexibilidad defendida por los neoliberales no es cierta. Incluso la propia OCDE, una de las cunas del pensamiento ortodoxo, tuvo que aceptar en su informe de 2006 que la realidad muestra que distintos países han conseguido buenos resultados en el empleo con instituciones del mercado de trabajo "extremadamente diferentes", es decir, incluso con mercados que los neoliberales considerarían muy rígidos.

Y, como veremos en el capítulo VI, tampoco hay evidencia empírica que permita afirmar que los costes salariales más bajos hacen que una economía venda mejor sus productos en el exterior y, por tanto, que pueda crear más empleo por esta vía.

Los datos muestran, por el contrario, como vamos a ver enseguida en lo referente a los últimos años de crisis económica, que a pesar de que hayan bajado los salarios se ha destruido empleo; que con el mismo mercado muy rígido, según los neoliberales, España pudo ser el país que más empleo creó antes de la crisis y luego pasar a ser el que más ha destruido, y, sobre todo, que no hay relación indiscutible entre la existencia de normas más o menos flexibles o rígidas y el mayor o menor volumen de empleo.

Y muchos estudios han demostrado (y hasta el sentido común lo ratifica) que lo que realmente determina el nivel de empleo o desempleo no son las condiciones de los mercados de trabajo (aunque eso no quiere decir que lo que allí ocurra sea complemente indiferente para la creación de empleo) sino las condiciones macroeconómicas: la política monetaria, los tipos de interés, el coste del capital, el poder que tengan las empresas en los mercados, el nivel de inversión, las facilidades de financiación y, fundamentalmente, la capacidad efectiva de compra que haya en una economía.

Y es lógico que sea así, como ya apuntamos antes: por muy bajo que sea el salario, por muy dóciles que sean los sindicatos, por muy barato que sea el despido, por muy pocos derechos que tengan los trabajadores y mucho el poder de los empleadores, ¿de qué servirá todo eso si los empresarios no tienen a quién vender lo que producen?

Lo que ha ocurrido en los últimos años de crisis demuestra a las claras todo eso.

EMPLEO Y PARO EN LA CRISIS: ¿QUÉ HA FALLADO Y QUÉ HAY QUE CORREGIR?

El problema del desempleo ha estado presente en la mayoría de los países durante los últimos treinta años, pero es evidente que se ha acentuado de una manera muy espectacular y dramática en estos últimos años de crisis financiera y económica.

En casi todos los países europeos, excepto en Alemania, el desempleo ha aumentado con rapidez durante este periodo, y en países como España, Irlanda y Estados Unidos su crecimiento ha sido mucho mayor y a veces incluso espectacular.

Así, en España la tasa de desempleo ha aumentado durante los años de la crisis en 9,7 puntos, en Irlanda en 7,2 y Estados Unidos en 4,7.[3] En el otro polo están los países que han tenido una tasa de crecimiento de desempleo muy bajo como Austria (0,4), Bélgica (0,4) o incluso que han visto disminuir su desempleo, como es el caso señalado de Alemania (-1,2).

Para saber cómo salir de los altos niveles de desempleo que se registran en países como España y aprovechar la experiencia de los que no padecen en tal medida este problema hay que tratar de encontrar las causas reales de estas disparidades porque los políticos neoliberales están haciendo una lectura muy sesgada de los hechos para justificar las medidas y las reformas que están adoptando.

No basta con que aumente el PIB

Una primera interpretación de esas diferencias sería que el descenso de la demanda de bienes y servicios haya generado una caída de la actividad económica y, por tanto, de la producción y del empleo, así como, al mismo tiempo, un incremento en la destrucción de empleo, lo cual explicaría el incremento del paro. Es decir, que al producirse menor crecimiento económico se haya dado mayor crecimiento del desempleo, de donde se deduciría que lo que hay que hacer para recobrar el empleo sería procurar por todos los medios que aumentara la tasa de crecimiento del Producto Interior Bruto.

Pero esta interpretación no explica por qué Alemania, que ha tenido un descenso muy marcado de la tasa de crecimiento de su PIB durante la crisis (-4,7 por ciento), bastante mayor que

3. Los datos que siguen se encuentran en John Schmitt, *Labor Market Policy in the Great Recession*, Center for Economic and Policy Research, Washington DC, mayo de 2011.

el de Estados Unidos (-2,7 por ciento) y que España (-3,7 por ciento), haya registrado una disminución del desempleo mientras que estos dos últimos países han experimentado un gran aumento.

De hecho, España ha sido uno de los países con menor descenso en su tasa de crecimiento económico y en cambio el que tuvo un mayor crecimiento del desempleo. No parece, pues, que el descenso de la actividad económica, per se, sea la mayor causa del aumento del desempleo.

Para aclarar las diferencias en la evolución del empleo y el paro durante la crisis hay que mirar a otras variables y para ello lo primero que hay que hacer es no confundir la magnitud de la tasa de paro y la tasa de crecimiento del paro.

La tasa de paro en España

La tasa de paro es el porcentaje de la población que está en edad de trabajar y desea trabajar pero que no encuentra trabajo. En general es más elevada cuando no hay suficientes puestos de trabajo disponibles para la gente que quiere trabajar. Y esto es lo que ha ocurrido desde hace bastante tiempo y explica por qué siempre España, incluso en tiempos de bonanza económica, tiene un elevado desempleo.

Una de las principales causas de esta falta estructural de puestos de trabajo en España es el escaso desarrollo del sector público y, muy en particular, de los servicios públicos del Estado del Bienestar, tales como sanidad, educación, servicios sociales, escuelas de infancia, servicios de ayuda a las personas con dependencia, vivienda social y otros servicios, como veremos en el capítulo siguiente. Si España, que en estos momentos tiene un 9 por ciento de su población empleada en estos servicios, tuviera el porcentaje que tiene Suecia (25 por ciento), tendría como poco 5 millones de puestos de trabajo más de los que tiene ahora, cifra que es superior, por cierto, al número de desempleados actual, lo que significa que el desempleo no existiría en España.

Tales puestos de trabajo podrían financiarse con los 200.000 millones de euros más de los que recibe el Estado español (tanto central como autonómico y municipal) si éste tuviera la política fiscal que tiene Suecia, como veremos en el capítulo de la financiación de la economía.

El problema, pues, no es económico, sino político, y ello aparece con toda claridad cuando se analiza quién paga impuestos en España, y más concretamente que la mayoría de su recaudación procede de las rentas del trabajo. La población que está en nómina paga, en general, unos impuestos que proporcionalmente son semejantes a los impuestos de sus homólogos en la Unión Europea de los Quince, y sólo ligeramente inferiores a los que pagan sus homólogos en Suecia.

El trabajador de Seat, por ejemplo, paga en impuestos el 75 por ciento de lo que paga el trabajador de Volvo. Pero los españoles ricos y los grupos de gran poder fáctico (banca y gran patronal) pagan en impuestos sólo el 20 por ciento de lo que pagan sus homólogos en Suecia. Una circunstancia que sólo se puede explicar gracias al enorme poder político y mediático de estos últimos, que impone las políticas fiscales regresivas que, en gran parte, son las que explican los bajos ingresos al Estado y la escasa creación de empleo público.

En contra de las falsedades que se vienen diciendo para justificar el recorte del gasto y del sector público, lo cierto es que España es uno de los países integrantes de la UE-15 con un sector público de menor tamaño. Nuestro porcentaje de población empleada en él sobre el total de población activa era del 12,75 por ciento en 2008 mientras que el de Dinamarca llega al 31,27 por ciento, el de Finlandia al 24,64 por ciento o el de Suecia al 26,2 por ciento en 2007. Y, a diferencia de lo que también se afirma, el crecimiento del empleo ha sido más rápido en el sector privado que en el público.

Es verdad que desde 2000 hasta 2008 el gasto público realizado por España ha aumentado de forma significativa, con una media del 5 por ciento anual, que es superior a la de la UE-15, que fue del 3,4 por ciento. Pero hay que tener en cuenta que el déficit que presenta España en cuanto a gasto público respecto a la UE-15 es muy grande. Así, a pesar de este crecimiento, todavía tenemos un gasto público por habitante de 2.600 euros (estandarizados) menos que el promedio de la UE-15.

Además, España era en 2008 el país de la UE-15 que menos gastaba en salarios a los trabajadores públicos y el quinto que menos gastaba en compensación salarial a sus empleados públicos por habitante.

Y por ello resulta que para crear empleo sea necesario y urgente dimensionar nuestro sector público, al menos como en los países más desarrollados de nuestro entorno, aumentar los impuestos y su progresividad y, como veremos en el capítulo siguiente, reducir el déficit social de España, que tiene el gasto público social por habitante más bajo de la Unión Europea de los Quince.

Flexibilidad y rigidez en la crisis

Pero, además de partir con una tasa de paro ya de por sí elevada, la característica principal de nuestra economía es que, junto con Estados Unidos e Irlanda, ha registrado el mayor crecimiento del desempleo y por eso es importante analizar su relación con los factores institucionales que, según los neoliberales, generan rigidez y hacen que aumente el paro.

España tuvo desde 2007 hasta 2009 un crecimiento de 12 puntos en su desempleo, Irlanda de 9,7 puntos y Estados Unidos de 4,7 puntos. Y resulta que Estados Unidos e Irlanda son los países que tienen mayor desregulación del mercado de trabajo, en donde los empresarios pueden despedir con toda facilidad y los sindicatos son muy débiles.

En este sentido los datos son muy contundentes. En contra de lo que sostiene la sabiduría neoliberal dominante en nuestra cultura económica y política, la realidad muestra clara y contundentemente que a menor protección del puesto de trabajo, es decir, que a mayor flexibilidad, se ha producido mayor crecimiento del desempleo. Dicho de otro modo: la flexibilidad, en contra de lo que dicen los neoliberales, ni crea empleos ni evita que se destruyan sino que, por el contrario, hace que se pierdan con mayor facilidad.

Si España, Irlanda y Estados Unidos, que tienen una gran desregulación y facilidad de despido, son los que han tenido un mayor crecimiento del desempleo durante la crisis, sólo se puede concluir que la famosa tesis neoliberal que sostiene que la seguridad del puesto de trabajo de los trabajadores con contratos fijos es la que crea la inseguridad y el desempleo entre los demás es falsa. En España, en donde existe la idea generalizada, al haber sido promovida por el mundo empresarial y por el Banco de España, de que es difícil despedir a los trabajadores, resulta que la gran destrucción de empleo incluye también a los trabajadores fijos sin que esto repercuta en una mayor creación de empleo.

Por el contrario, Alemania es uno de los países con un mercado de trabajo más regulado de la Unión Europea, principalmente como consecuencia del sistema de cogestión en el que los sindicatos (y los trabajadores) de las empresas están en sus equipos de dirección. Pero a pesar de ello, y a pesar del gran descenso de su actividad económica medida a través del PIB, como resultado del descenso de sus exportaciones a que dio lugar la recesión mundial, no sólo no aumentó su desempleo sino que ha continuado disminuyendo. Ha sido así porque, al reducirse la demanda, las empresas (el 40 por ciento de ellas en el periodo 2008-2009) han reducido las horas de trabajo en lugar de reducir el número de trabajadores. Lo que confirma la idea que comentamos antes según la cual si lo que queremos de verdad es proteger el empleo a donde tenemos que apuntar es a reducir la jornada de trabajo.

Se puede concluir, por tanto, que facilitar el despido en momentos de recesión y aumentar la flexibilidad, como han hecho las sucesivas reformas del gobierno de Zapatero, simplemente facilita el aumento del desempleo, puesto que incentiva que los empresarios se adapten a la disminución de la demanda de sus bienes o servicios reduciendo su fuerza laboral. Por el contrario, si ello no es factible, porque las normas no lo permiten o lo encarecen o porque los sindicatos se lo impiden, se tenderá a mantener el número de trabajadores disminuyendo el tiempo de trabajo de cada uno.

Por tanto, son este tipo de medidas, acompañadas de las que fomenten e incentiven la reestructuración de los tiempos de trabajo y de las que permitan sostener la demanda, las que mejor garantizan el mantenimiento del empleo. La realidad nos muestra, además, que incluso el modelo que está de moda consistente en combinar mucha flexibilidad, facilitando el despido con seguridad, tal como ocurre en Dinamarca, sólo funciona en tiempos de elevado crecimiento económico y pleno empleo, es decir, cuando en realidad no hacen falta.

La llamada flexiseguridad como la danesa que ahora está de moda sólo funciona si el empresario puede despedir con facilidad pero también si los trabajadores tienen una amplia oferta de puestos de trabajo con servicios de formación incluidos, y con un seguro de desempleo elevado que le permita encontrar trabajo de semejante calidad. Una oferta de puestos de trabajo que no existe en fases de recesión. Y eso es lo que ha hecho que, cuando Dinamarca ha entrado en recesión, haya dejado de ser un modelo porque su desempleo se ha disparado y su tasa de crecimiento del desempleo ha sido, durante la crisis, de las más elevadas en la Unión Europea (2 puntos).

¿QUÉ ENSEÑA LA REALIDAD DE LOS MERCADOS LABORALES?

Si se dejan a un lado las anteojeras ideológicas que llevan a los neoliberales a ver el mercado de trabajo como un mecanismo perfecto y utópico en donde se puede crear una cantidad infinita de puestos de trabajo con sólo garantizar un salario suficientemente bajo, y si, por el contrario, se mira sin prejuicios la realidad, lo que ocurre de verdad en estos mercados, podemos descubrir las claves fundamentales que hay que tener en cuenta para poder ayudar a crear puestos de trabajo.

En esa línea las enseñanzas más importantes no son las que provienen de ideaciones neoliberales, sino las que proporciona el estudio del funcionamiento real de los mercados laborales.

Lo primero que enseña es que no es verdad que lo que haya que hacer para crear empleo sea liberalizar aún más los mercados y las relaciones laborales. No es cierto que allí donde se han hecho reformas para desregular y flexibilizar más los mercados de trabajo se den los mayores niveles de creación de empleo o de reducción del desempleo existente.

La segunda enseñanza fundamental es que, aunque se pueda demostrar que la presencia de ciertas normativas o instituciones que protegen a los trabajadores y que lógicamente incrementan el coste del trabajo podrían ser causa de mayores rigideces, su efecto sobre el empleo no puede considerarse como decisivo o determinante puesto que, junto a ellas, siempre intervienen otras variables de carácter macroeconómico cuya mayor incidencia ha quedado demostrada en multitud de estudios.

La tercera enseñanza es que las reformas laborales han producido una disminución del coste del trabajo, una relajación de las normas laborales que han reducido los estándares de protección y una mayor precarización del trabajo, lo que incrementa el empleo temporal y a tiempo parcial no deseado, la discriminación laboral, la inseguridad y la insatisfacción en el desempeño del trabajo.

En cuarto lugar, sabemos que hay suficientes evidencias que permiten establecer que la generación de empleo está determinada por la existencia de adecuadas condiciones macroeconómicas, que no son solamente las relativas al crecimiento de la actividad medido a través del PIB. Y lo que se ha podido comprobar sin ningún tipo de problema es que lo que en realidad ha ocurrido en los últimos años ha sido que se han aplicado políticas y condiciones macroeconómicas claramente negativas para la creación de empleo, algunas de las cuales las hemos comentado ya en los dos primeros capítulos del libro.

Entre ellas:

1. Privilegio de las rentas financieras que han absorbido recursos de la actividad productiva y han detraído los necesarios para que las empresas productivas creen puestos de trabajo. Un problema que se ha agudizado especialmente durante la crisis, cuando se ha producido, como sabemos, una escasez extraordinaria de financiación que impide que las empresas puedan crear empleo.

2. Predominio de las políticas deflacionistas encaminadas a reducir los salarios y el gasto con la excusa de que provocan inflación, lo que ha disminuido de manera constante la demanda efectiva dirigida sobre todo a las pequeñas y medianas empresas.

3. Reducción del gasto social que ha impedido crear puestos de trabajo en los servicios de bienestar, como hemos señalado y como veremos con más detalle en el capítulo siguiente.

4. Aumento del poder sobre el mercado de las grandes empresas que les ha permitido imponer precios muy poco competitivos y costes muy desfavorables para las pequeñas y medianas empresas, que son las que crean la mayor parte del empleo.

En quinto lugar, el análisis de la creación y destrucción de empleo indica que ambos dependen de la gestión que se haga del tiempo de trabajo y del reparto de las ganancias de productividad, es decir, en realidad, del reparto de la renta entre el trabajo y el capital. Lo que significa que se puede evitar la destrucción del empleo y fomentar su creación mediante la reducción del tiempo de trabajo y viceversa. Si cuando hay más crisis aumenta el tiempo de trabajo, como ha ocurrido en España, resultará que se perderá más empleo. Si disminuye, como sucede en Alemania, se conserva.

Finalmente sabemos también que el mayor o menor volumen de empleo depende del modelo productivo, del ámbito en donde se destinan preferentemente los recursos y, como analizamos en el capítulo III y acabamos de mencionar, de la pauta de distribución de la renta. Esto indica que, en última instancia, el nivel de empleo y desempleo que hay en una economía no depende tanto, o no solamente sólo, de circunstancias económicas sino también de las políticas. Y, en consecuencia, del diferente poder e influencia de los distintos grupos sociales a la hora de tomar decisiones sobre el uso de los recursos.

Por eso la patronal y los políticos y economistas neoliberales que defienden una distribución de la renta más favorable al capital están tan empeñados siempre en atacar a los sindicatos y en reducir su papel en la negociación, en evitar que ésta sea colectiva para hacerla persona a persona, o lo más descentralizada posible para que la defensa de los trabajadores sea más débil, y, en general, en que desaparezcan las normas de obligado cumplimiento que establecen derechos taxativos para proteger a los asalariados.

Y por eso reclaman que se apliquen políticas macroeconómicas como las que hemos comentado, que en realidad se sabe que van a crear desempleo, porque cuanto más elevado sea éste más fácil resultará imponer a los trabajadores las condiciones laborales y salariales que convengan a la patronal.

Naturalmente esto no quiere decir que todos los empresarios y todas las empresas actúen así, con una perspectiva tan alicorta (porque tratando de ganar unos pocos al final pierden todos los empresarios). Muchos de ellos tratan de innovar, de encontrar acuerdos con sus trabajadores para repartirse las ganancias de productividad de manera que ninguno se empobrezca ni se ponga en peligro la vida de la empresa, que favorecen la participación y las mejores condiciones de trabajo posibles para todos, que evitan la discriminación y la desigualdad, que entienden que la búsqueda del beneficio debe hacerse necesariamente compatible con el respeto al medio ambiente, a la justicia social y al interés colectivo, y que entienden que el éxito de una empresa no puede consistir en dar simples "pelotazos" sino en poner en marcha proyectos comunes que creen riqueza para satisfacer las necesidades humanas y el mayor volumen de empleo posible...

Por eso, para crear empleo también es imprescindible fomentar este tipo de comportamiento empresarial y las formas de propiedad que mejor lo favorezcan, la pequeña y mediana empresa y las empresas de carácter social, cooperativas y sociedades laborales, creando las condiciones para que entender así la actividad empresarial no sea un escollo sino una ventaja en el mundo de los negocios. En realidad algunas de las empresas más eficientes y las que han respondido a la crisis con menor destrucción de empleo han sido cooperativas de trabajadores y empleados de reducido abanico salarial, con diferencias entre los mejores y peores pagados de 3 a 1, que contrastan con las grandes empresas del Ibex-35 que destruyen más empleo y en donde esas diferencias llegan a ser 20 a 1. Mondragón es un ejemplo de ello y se puede afirmar que si la mayoría de empresas en España hubiera actuado como las de Mondragón, nuestro nivel de desempleo sería mucho más bajo que el actual.

Por otro lado, es importante recuperar el principio ampliamente extendido en los países nórdicos (donde las fuerzas progresistas han sido las dominantes en sus instituciones políticas) de que el Estado tiene responsabilidad de crear empleo, cuando el mundo empresarial privado no lo hace en cantidad suficiente. Es un principio de una enorme importancia en este momento de crisis, cuando (al revés de lo que se está haciendo en España) el Estado debiera estar mucho más comprometido aún en la provisión de puestos de trabajo.

LAS CONDICIONES PARA PODER CREAR EMPLEO DECENTE

La principal conclusión que se ha de sacar de esas enseñanzas es que donde hay que poner la principal atención para crear empleo o para combatir el desempleo no es en el mercado de trabajo y en sus instituciones sino en la naturaleza del entorno macroeconómico en donde se define la naturaleza de la actividad económica dominante, en donde se decide el reparto de la riqueza y, sobre todo, en donde se resuelve el poder de los diferentes grupos sociales que es del que depende su capacidad para influir en la economía.

Por tanto, para evitar que nuestra economía se siga caracterizando por su insuficiente capacidad para generar trabajo estable y decente y por su tendencia a crear empleo precario, temporal, mal pagado, e inseguro... lo que habría que cambiar son las lógicas que dominan ese entorno del que depende la actividad económica en donde se genera el empleo y que en realidad son bastante evidentes en nuestra opinión.

Hay que cambiar nuestra forma de producir y de competir en los mercados para recuperar la renta salarial y, por tanto, la demanda de la que dependen las empresas que crean empleo; hay que eliminar el privilegio que tienen la actividad especulativa y las rentas financieras que impiden que esas empresas dispongan de suficiente financiación, y hay que reequilibrar el poder de los diferentes grupos sociales. De todo lo cual nos ocupamos en los capítulos siguientes.

Ahora bien, el hecho de que pongamos el énfasis en estas condiciones del entorno del mercado de trabajo para favorecer mejor la creación de empleo no significa, como dijimos antes, que sea indiferente el marco institucional en el que se desenvuelve ese mercado de trabajo. Todo lo contrario, creemos que es fundamental que funcione de forma adecuada y que en su seno se produzca un tipo de intercambio que sea lo más satisfactorio posible desde el punto de vista de la creación de empleo y del bienestar social, que incluye evidentemente posicionamiento ético y un requerimiento permanente de justicia.

Por eso entendemos que las reformas necesarias deben ir justamente en la línea contraria a la mercantilización exacerbada del trabajo que han ido buscando las de naturaleza neoliberal y que, desde el punto de vista de la creación de empleo suficiente y digno, han sido un verdadero fiasco histórico.

En nuestra opinión el horizonte al que debemos dirigirnos para poder crear empleo decente es el que permita crear un medio ambiente a las empresas que desincentive su gestión mercantilizada del trabajo, cuyo ejemplo paradigmático es el de esas empresas que justo cuando obtienen miles de millones de beneficios se deshacen de más empleados. Es decir, que se fomente y facilite una gestión del empleo en función de la demanda social de bienes y servicios y de ingreso y no de la exigencia de rentabilidad privada.

Para ello creemos que, dentro de las actuaciones concretas en el marco singular de los mercados de trabajo orientadas a facilitar la creación de empleo, hay que incluir la urgente suspensión de las reformas laborales que se han llevado a cabo, acabar con las normas que han institucionalizado la precariedad, adoptar medidas para combatir el trabajo informal y el de tiempo parcial no deseado o impuesto por razones de género por insuficiente impulso de las políticas de igualdad, incentivar el empleo indefinido, disminuir el tiempo de trabajo, establecer mecanismos de restitución social y penalización a las empresas innecesariamente destructoras de empleo, aumentar el salario mínimo y garantizar rentas mínimas, evitar la exclusión que sufren los llamados nuevos trabajadores pobres y reconocer y mejorar la ecología del trabajo.

El trabajo no puede ser únicamente un instrumento para conseguir los fondos con los cuales realizarse a uno mismo a través del consumo. El trabajo en sí es determinante de la calidad de vida de la ciudadanía, como muestran los estudios realizados sobre las causas de la longevidad de la población que confirman que la variable más importante para explicar los años de vida de una persona es su satisfacción con el trabajo realizado a lo largo de su vida. De ahí la gran importancia de que se creen puestos de trabajo que permitan desarrollar la enorme creatividad y la capacidad de goce que las personas tienen en su vida cotidiana. El hecho de que este potencial se inhiba mediante la mercantilización del trabajo muestra la necesidad de cambiar las relaciones de poder en nuestra sociedad, dando mayor poder y protagonismo a la población trabajadora en el diseño de su vida laboral.

V

La hipoteca del déficit social

La actual crisis está siendo utilizada por los economistas neoliberales como excusa para atacar al Estado y al gasto público y por eso afirman que lo que hay que hacer para salir de ella es recortar el gasto público y en particular el destinado a mantener servicios sociales e infraestructuras de bienestar social. E insisten en esta idea de una forma mucho más reiterada desde que estalló el problema de la deuda de la manera y por las causas que hemos comentado.

En contra de esas ideas es muy importante tener claro que esas políticas no van a conseguir lo que dicen pretender (facilitar la recuperación y fomentar el empleo o incluso reducir la deuda) sino que van a provocar todo lo contrario: el mayor empobrecimiento de las clases trabajadoras que son las que, con su consumo, sostienen la demanda, y una pérdida de dinamismo económico y de capacidad para generar empleo.

La reducción del gasto público que se está proponiendo y llevando a cabo no es una salida a la crisis sino justamente lo contrario, es una de las causas de la crisis porque genera desigualdad y limita las posibilidades de creación de actividad económica. Además, lógicamente, de producir una mayor insatisfacción social y personal.

EL BIENESTAR COMO FACTOR DE COMPETITIVIDAD

El discurso neoliberal orientado a realizar recortes de gasto social y a debilitar las estructuras de bienestar suele basarse en la idea de que ambos son factores retardatarios de la actividad económica y enemigos de la competitividad, pero los datos empíricos nos indican lo contrario.[1]

En contra de esa opinión que se empeñan en extender los neoliberales, incluso una institución dominada por esa ideología, como es el Foro de Davos, tiene que reconocer que los países que tienen mayor eficiencia económica son los países del norte de Europa, que han sido gobernados durante la mayoría del periodo que abarca desde la Segunda Guerra Mundial hasta la década de 1990 por partidos que se han caracterizado por su gran sensibilidad social, que se ha traducido en Estados del Bienestar bien financiados y con elevado gasto público social por habitante.

El contraste entre los países del norte de Europa, gobernado por partidos con mayor compromiso social, y los del sur, gobernados por partidos conservadores de escasa sensibilidad social, no puede ser más acentuado. El enorme retraso social de España debido a la escasa financiación que aquí se ha dedicado al bienestar colectivo se debe a haber estado gobernada por una dictadura fascista durante cuarenta años. Y aunque mucho se ha hecho desde entonces, el hecho es que treinta y tres años después de haber terminado la dictadura España todavía está a la cola de la Europa social. Algo que sólo se puede explicar por la excesiva influencia que las fuerzas conservadoras y neoliberales continúan teniendo sobre el Estado.

El Estado del Bienestar contribuye a la eficiencia económica del país, educando a la ciudadanía, asegurando trabajo estimulante, que permita el desarrollo del potencial de creatividad que tiene todo ser humano, y ofreciendo seguridad y protección social que garantizan una cohesión social, en el que la cooperación y la solidaridad facilitan los necesarios cambios que la sociedad y la economía requieren para ir adaptándose en su proceso de modernización. El miedo, la inseguridad y la represión (y el desempleo es una forma de represión) nunca motivan

1 Todos los datos utilizados en este capítulo pueden encontrarse en el Observatorio Social (http://www.observatoriosocial.org/ose/).

a la población. La seguridad, la cooperación y la solidaridad sí que la motivan.

Por eso el bienestar insuficiente sólo puede conllevar una economía menos dinámica, más ineficaz y, por supuesto, más injusta y menos satisfactoria.

El Estado del bienestar y la crisis

Un ejemplo de que el subdesarrollo social afecta de forma negativa a la eficiencia económica es que los países que han sufrido más la crisis han sido los países periféricos de la Zona Euro Zona (Grecia, Portugal, España e Irlanda), es decir, los que precisamente se caracterizan por ser Estados del Bienestar muy poco desarrollados y muy poco financiados, como resultado de tener unas políticas fiscales muy regresivas con unos ingresos al Estado muy bajos, tal como se documenta en los próximos párrafos.

La crisis financiera se ha producido con su enorme magnitud justamente, como hemos analizado, por el gran incremento de la desigualdad que se ha generado en los últimos decenios y al que ha contribuido en gran medida el debilitamiento del Estado del Bienestar. Por tanto, mantener y fortalecer el gasto social y la provisión de bienes y servicios de bienestar no es sólo una cuestión de preferencia ética, que lo es y esto es de por sí muy importante. Además es la mejor manera de apostar por el mayor dinamismo económico y por la mayor capacidad de generación de empleo.

De hecho, una de las causas principales por las que España es incapaz de generar suficientes volúmenes de empleo y por las que su tasa de paro es tan elevada, incluso en épocas de bonanza, es que no ha desarrollado suficientemente su Estado del Bienestar, debido sobre todo a haber vivido más de cuarenta años del sigo pasado bajo una dictadura y a tener un Estado excesivamente influido por fuerzas conservadoras y grupos fácticos.

La debilidad del Estado del bienestar en España

El Estado del Bienestar en España está muy poco financiado y desarrollado y, se mire como se mire, estamos a la cola de la Europa social.

Si contemplamos el gasto social en las transferencias públicas (como las pensiones), o en los servicios públicos del Estado del Bienestar (como sanidad, educación, servicios de ayuda a las personas con dependencia, escuelas de infancia, servicios sociales, entre otros), vemos que está (21 por ciento del PIB) muy por debajo del promedio de la UE-15 (27 por ciento) y muy por debajo de los países más avanzados, como Suecia (29,3 por ciento). Lo mismo ocurre, por cierto, con los países periféricos de la Zona Euro, como Irlanda (21 por ciento), Portugal (23 por ciento) y Grecia (25 por ciento).

Otro indicador del subdesarrollo social de España es el bajo porcentaje de la población adulta que trabaja en los servicios del Estado del Bienestar. En España es sólo un 9 por ciento, mucho más bajo que en Suecia (25 por ciento). Un español de cada diez trabaja en su Estado del Bienestar, comparado con un sueco de cada cuatro.

El déficit de empleo público, incluyendo el social, es enorme, negando el mensaje neoliberal que se reproduce constantemente en los medios de información de mayor difusión de que hay demasiados empleados públicos en España y muy pocos emprendedores. Los datos muestran, como ya señalamos antes, que España es el país con menos empleados que trabajan en los servicios del Estado del Bienestar y en el sector público y en cambio es el que registra mayor número de emprendedores.

Estos enormes déficits, que raramente tienen visibilidad mediática, aparecen también en Grecia, Portugal e Irlanda y se debe a que han estado gobernados por dictaduras enormemente conservadoras fascistas o fascistoides (como es el caso de España, Grecia y Portugal) o por regímenes autoritarios profundamente conservadores (como es el caso de Irlanda) durante la mayoría del periodo que va desde finales de la década de 1930 hasta finales de la década de 1970. Y, aunque ha habido cambios importantes, éstos han sido insuficientes para eliminar el enorme déficit de gasto público social.

En realidad el retraso social de España, como en aquellos otros países citados con anterioridad, se debe al enorme dominio de las fuerzas conservadoras y liberales en la historia de estos países. Así, cuando el dictador murió en 1975, España se gastaba sólo el 14 por ciento del PIB en su Estado del Bienestar, mucho menos de lo que se gastaban aquel año los países que más tarde pasarían a formar la Unión Europea de los Quince (UE-15), cuyo promedio era de un 22 por ciento del PIB.

El gasto subió durante el periodo que abarca desde 1978 (cuando se inició la democracia) hasta 1993 debido en parte al gobierno socialdemócrata de Felipe González, pero, sobre todo, a la presión e incluso agitación social liderada por los sindicatos a finales de la década de 1980, cuando se convocaron varias huelgas generales.

En 1993 el porcentaje de gasto público social había alcanzado el 24 por ciento del PIB. Ni que decir tiene que los países de la UE-15 también vieron subir su gasto social, pues pasó a ser un 28 por ciento, pero el hecho de que subiera con mayor rapidez en España que en el promedio de la UE-15 explica que el déficit de España con la UE-15 se redujera a la mitad al pasar de 8 (22-14) a 4 puntos (28-24).

Pero en el año 1993 el gobierno socialista se alió con las fuerzas conservadoras y liberales catalanas (CiU) y el resultado de esta alianza fue que la preparación de España para integrarse en el euro, que exigía la disminución del déficit del Estado (que entonces era del 6 por ciento del PIB) para no rebasar el 3 por ciento exigido por el criterio de Maastricht, se hizo a base de recortar de una manera muy marcada el gasto público social.

Esta operación podría haberse hecho a base de incrementar los impuestos pero no se hizo. En España la reducción del défi cit siempre se ha hecho a base de reducir el gasto público social (tal como estamos viendo ahora).

El mantenimiento de esa opción explica que cuando el Estado español consiguió reducir e incluso eliminar el déficit público del Estado en 2003 fuera a costa de haber aumentado de manera considerable el déficit social de España con el promedio de la UE-15, es decir, la diferencia en euros estandarizados entre lo que España se gastaba por habitante en su Estado del Bienestar y lo que se gastaba el promedio de la UE-15. Un déficit que en 2005 era mayor que en 1994.

LAS CAUSAS DEL SUBDESARROLLO SOCIAL DE ESPAÑA

Ya se ha indicado que las causas de este subdesarrollo han sido el enorme dominio de las fuerzas conservadoras y liberales sobre el Estado español, que ha determinado unas políticas fiscales sumamente regresivas. Así, mientras que las personas que están en nómina pagan impuestos comparables a los que pagan sus homólogos en la UE-15, las personas de elevadas rentas, así como el capital, pagan muchos menos impuestos que sus homólogos en la UE-15.

Como consecuencia los ingresos del Estado en España representan sólo el 32 por ciento del PIB, un nivel mucho más bajo que el promedio de la UE-15, 44 por ciento, y de los países más avanzados como Suecia, 54 por ciento.

Ésta es la mayor causa del subdesarrollo social de España. Es lo que solía llamarse "poder de clase", es decir, poder de la clase dominante que tiene enorme influencia en los *establishment* políticos y mediáticos del país.

Este poder de clase aparece también en el escasísimo impacto redistributivo del Estado. Así, la pobreza en España baja sólo 4 puntos (del 24 por ciento de la población al 20 por ciento) como consecuencia de las transferencias públicas sociales, mientras que baja 9 puntos en el promedio de la UE-15 (del 25 al 16 por ciento) y 14 puntos en Suecia (del 27 al 13 por ciento).

Puesto que la pobreza se define como el sector de la población que tiene una renta que alcanza el 60 por ciento de la renta mediana (aquella que tiene el 50 por ciento de la renta por encima y el 50 por ciento por debajo), entonces vemos que el impacto redistributivo es muy bajo.

Resultado de ello es que España es uno de los países con mayores desigualdades en la UE-15, con coeficiente de Gini, que mide la concentración del ingreso, de 31,3, mucho mayor al promedio de la UE-15, que es de 29. En ningún otro país las rentas superiores (los muy ricos y los ricos) son mejor tratadas y las rentas medias e inferiores (las clases medias y trabajadoras) peor tratadas por el Fisco. Esto es el poder de clase.

¿Es cierto que el Estado no puede sostener un Estado del bienestar más financiado que el actual?

Un argumento que se cita constantemente es que España se está gastando demasiado en su Estado del Bienestar y que hay que reducirlo.

Los datos, sin embargo, muestran la falsedad de tal argumento. España no es pobre. En realidad es casi tan rica como el promedio de los países de la UE-15 (que son los países más ricos de la UE), pues su nivel de PIB por habitante es el 94 por ciento de ese promedio. Sin embargo, su gasto público social es sólo el 72 por ciento del promedio de la UE-15. Si fuera el 94 por ciento, España se gastaría 66.000 millones de euros más de los que se gasta en su Estado del Bienestar.

No es cierto, por tanto, que España no tenga recursos para corregir su déficit social. Lo que ocurre es que no los recauda. La gente con más dinero no paga lo que sus homólogos pagan en la UE-15. Según las cifras provistas por la Agencia Tributaria del Estado español, basadas en las declaraciones de renta, un empresario ingresa menos que un trabajador, las grandes empresas españolas sólo pagan un 10 por ciento de sus beneficios y los multimillonarios que mantienen que gestionan sus ingresos y sus patrimonios mediante SICAV apenas pagan el 1 por ciento.

La insuficiente financiación de los derechos sociales

Como es lógico, el subdesarrollo social de España se manifiesta en todas las dimensiones del Estado del Bienestar o, lo que es lo mismo, en el imposible disfrute de derechos sociales básicos reconocidos sobre el papel por la Constitución.

Sistema sanitario

El sector sanitario en España está poco financiado y, por tanto, poco desarrollado. Sólo el 4,1 por ciento de la población adulta trabaja en el sector sanitario en España, un porcentaje que es uno de los más bajos de la UE-15 (6,6 por ciento). España tiene el PIB per cápita equivalente al 94 por ciento del PIB del promedio de los países de la UE-15 y, en cambio, el gasto público sanitario per cápita es sólo del 79,5 por ciento del promedio. Si fuera el 94 por ciento, España se gastaría 13.700 millones de euros más de los que se gasta en sanidad. No es creíble, por tanto, indicar que la sanidad pública es insostenible. En realidad España se está gastando mucho menos de lo que le correspondería por su nivel de desarrollo económico.

El crecimiento del gasto sanitario como promedio para toda España fue en los últimos diez años sólo del 2,7 por ciento por año, comparado con un 4,1 por ciento en el promedio de la OCDE. Es más, gran parte del crecimiento del gasto sanitario en España ha sido en el sector privado, que es lo que se está tratando de fortalecer. Y hay que tener presente que el sector sanitario privado encuentra su principal obstáculo de desarrollo en el sector sanitario público, y por eso sus representantes recomiendan una y otra vez el desmantelamiento progresivo del sector público. En caso de privatización parcial o completa los pacientes del sistema público pasarían a ser clientes del sistema privado, y eso significa negocio y beneficios. No es mera casualidad que las voces que apoyan la reducción del gasto público también pidan una desgravación del aseguramiento privado. Además la simple existencia de un sistema sanitario privado refleja una situación de desigualdad en el acceso a un servicio esencial como la salud. No en vano el 30 por ciento de la población española (la de renta superior) utiliza la sanidad privada y el 70 por ciento restante, las clases populares (la clase trabajadora y la mayoría de las clases medias), utilizan los servicios públicos. Cualquier privatización, sea del grado que sea, empujará a las clases medias y trabajadoras a tener que pagar mucho más por acceder a los mismos servicios.

Actualmente estamos viendo un resurgimiento de este debate público-privado, y poco a poco los gobiernos avanzan en el deterioro del sistema público con el objetivo de crear nuevos espacios de negocio para el sistema privado.

Para justificar tales prácticas los gobiernos y los economistas liberales consideran que el sistema público es insostenible. Por ejemplo, se asume erróneamente que el usuario español abusa del sistema, tomando el elevado número de visitas sanitarias por habitante (nueve visitas) como ejemplo de este abuso (el promedio de la UE-15 es de seis visitas). Pero lo que no se dice es que, de estas nueve visitas, hay al menos tres que en otros países las atiende o bien una enfermera o bien un administrativo, y que en España en cambio las hace el médico. El médico está sobrecargado, pero ello no quiere decir que el usuario abuse, pues en otros países las enfermeras tienen mayor responsabilidad y los médicos tienen mayor apoyo administrativo. Además los que generan la demanda que ocasiona costes (farmacia, pruebas clínicas, intervenciones) no son los usuarios sino los médicos.

Es decir, el sistema no es insostenible pero sí necesita reformas, aunque deben ser reformas que avancen en el fortalecimiento del sistema público y no en su deterioro o su desaparición. La realidad es que la sanidad pública española está subfinanciada y quedan todavía áreas de servicios por cubrir, tales como los servicios de dentista.

Por otra parte este bajo gasto sanitario se traduce en un sistema ineficiente. En general la sanidad privada puede ser mejor que la pública en la comodidad y la atención al paciente (una cama por habitación en las clínicas privadas, más tiempo de visita y menos tiempo en espera). En cambio la sanidad pública es mejor que la privada en la calidad del personal y de la tecnología e infraestructura médica.

De hecho, en países de extenso desarrollo de la privada, como Estados Unidos, la evidencia muestra que la mortalidad es mayor en las instituciones sanitarias con afán de lucro que en las sin afán de lucro, lo que muestra el peligro que puede significar la mercantilización de la medicina. El afán de optimizar los beneficios puede entrar en conflicto con la calidad del servicio (lo cual ocurre por lo general, ahorrando en personal de enfermería y otro tipo de personal).

Lo que se requiere, pues, es una sanidad pública multiclasista, que mantenga la calidad del personal y de la infraestructura y a la vez mejore de forma sustancial la atención y la comodidad del usuario. Pero ello requiere un gasto público mucho mayor que el actual.

Educación

Lo mismo que ocurre en el caso de la sanidad pública sucede en la educación pública. Todos los alumnos que van a colegios o institutos públicos son potenciales clientes de los colegios o institutos privados, pero dejar de financiar la educación pública a los niveles recomendados por los organismos internacionales es profundamente antisocial, ya que las escuelas privadas atienden prioritariamente a los sectores de mayor renta y las escuelas públicas atienden a las clases populares.

Los recortes de gasto público educativo acentuarán todavía más tal polarización educativa por clase social, dificultando la movilidad social, que es una de las más bajas de la UE-15, y debilitando así las bases de nuestra estructura productiva. En efecto, además de ser una estrategia que perjudica a los sectores de rentas más bajas y, por tanto, netamente injusta y desigual, el recorte del gasto en educación pública es muy perjudicial desde el punto de vista económico porque este limitado desarrollo implica una insuficiente inversión en el capital humano, que es un factor fundamental del crecimiento y de la competitividad. Porque, en contra de lo que indican los economistas neoliberales, las desigualdades dificultan la eficiencia educativa y económica.

Vemos también que como ocurría en Sanidad la dicotomía privada/pública reproduce una polarización por clase social que no es ni justa ni eficiente. La mejor escuela en la UE-15, por ejemplo, es la finlandesa, tal como señalan los informes PISA sobre calidad de la educación. Ésta es una escuela multiclasista, donde el hijo del banquero y el hijo del empleado de la banca asisten al mismo colegio, una situación impensable en España. Pero consecuencia de ello es que el hijo del banquero en España está por detrás del empleado de la banca en Finlandia. En contra de lo que indican los economistas neoliberales las desigualdades dificultan la eficiencia educativa y económica.

Vivienda

Otro bien de primera necesidad y derecho social que se ha venido considerando en nuestro país como un bien de lujo es la vivienda. Pero precisamente por permitir que la vivienda se considerara una mercancía más se ha podido gestar la burbuja inmobiliaria que tanto daño ha hecho a la economía española. El precio de las viviendas (por metro cuadrado) creció nada menos que un 106 por ciento desde que se estableció el euro, en 1999, hasta el 2007, mientras que los salarios nominales crecieron sólo un 8 por ciento, lo que refleja cómo sólo las rentas más adineradas se han permitido el lujo de adquirir viviendas en condiciones que no requerían la firma de un contrato abusivo con el banco.

La solución pasa por considerar la vivienda como un bien de primera necesidad gestionado por el Estado, para lo cual es imprescindible que el sector público disponga de un excedente de viviendas que pueda ofrecer en alquiler a precios progresivos (en función de la renta de las familias), y eso lo puede conseguir utilizando el impresionante excedente de viviendas que tienen los bancos tras el estallido de la burbuja inmobiliaria.

Una manifestación especialmente vergonzosa del problema social al que lleva la insuficiente o mal orientada financiación de la vivienda es el incremento desmesurado de los desahucios que se producen y del número de familias que pierden sus viviendas en manos de bancos que, mientras tanto y con ayudas públicas, obtienen miles de millones de euros de beneficios.

Según el Consejo Superior del Poder Judicial en el primer trimestre de 2011 hubo 15.491 desahucios, lo que supone una nueva cifra récord y un 36,9 por ciento más que en el mismo trimestre de 2010. Pero la Plataforma de Afectados Por la Hipoteca que está en contacto mucho más directo y real con este problema afirma que en muchos miles de casos más se produce "autodesahucio" porque las familias entregan las viviendas cuando ya no pueden más, o, aunque no haya orden judicial de lanzamiento, se produce el desalojo real que luego no reflejan las cifras oficiales de la Justicia. Lo que le lleva a estimar que en 2010 se registraron 93.000 desalojos de viviendas, cuando las cifras oficiales reflejaron 48.000. Y esa misma fuente estima que a mediados de 2011 podrían estar en curso un millón de expedientes de desahucio que se unirían a los 250.000 que se han realizado desde el inicio de la crisis.

En la mayoría de estos casos se puede producir, además, que las familias deban seguir pagando una parte de sus hipotecas puesto que el gran poder de los bancos se traduce en el establecimiento prácticamente unilateral de la tasación del valor de la vivienda.

Frente a ello no es solución la simple aceptación de la dación de pago, que al fin y al cabo viene a significar la pérdida de la vivienda, sino el reconocimiento efectivo del derecho constitucional a disfrutar de ella. Para ello sería necesario crear, por el contrario, mecanismos de arbitraje que permitan establecer

acuerdos de prórroga o reestructuración de la deuda hipotecaria, al estilo de los que existen en otros países europeos, con el
fin primordial de que no se pierda el bien fundamental que es
la vivienda y el derecho a habitarla.

Condiciones de trabajo

Otra manifestación de nuestro subdesarrollo social es el
empeoramiento de las condiciones de trabajo, con un aumento
del porcentaje de trabajadores que indican estar estresados en el
trabajo (el 52 por ciento de la población total en 2009). Lo que
no sólo tiene que ver con el hecho de que los trabajadores
españoles trabajan más horas al año (1.654 horas) que las de la
media de los países de la OCDE (1.628 horas), sino también con
la menor dotación de servicios de bienestar vinculados a la vida
laboral y, por supuesto, con nuestro menor nivel de salarios.

Pensiones

Al igual que pasa con la sanidad y con la educación, el sistema público de pensiones está en peligro como consecuencia de
los ataques de los bancos y de las entidades financieras que buscan incrementar el negocio de sus planes de pensiones privados. Con el agravante de que tal ataque está siendo justificado
por economistas neoliberales que continuamente recomiendan
reformas profundas en el sistema para evitar su colapso a base
de argumentaciones falsas. Se asume erróneamente que la evolución demográfica (el envejecimiento de la población) es el
único factor que importa a la hora de valorar la sostenibilidad
del sistema de pensiones cuando en realidad hay muchas otras
variables que influyen en dicha sostenibilidad.

En contra de las medidas que se vienen implantando y que
simplemente persiguen reducir el gasto en pensiones públicas
para así obligar a suscribir fondos privados de ahorro, y dado
que la suficiencia financiera del sistema público depende también de los ingresos y no sólo de los gastos, se mejoraría su

situación favoreciendo el aumento de la masa salarial y el de la población femenina ocupada, la distribución más igualitaria de la renta, el incremento de la productividad mejorando las condiciones laborales o la participación de los trabajadores en la empresa, combatiendo la economía sumergida y el fraude fiscal y laboral.[2]

Sin olvidar que el aumento de la productividad implica un incremento muy notable de la riqueza del país. De la misma manera que ahora el 3 por ciento de la población adulta trabajando en agricultura produce lo que producía el 30 por ciento de la población agrícola hace cuarenta años, dentro de cuarenta años un porcentaje incluso menor producirá mucho más que el 3 por ciento actual. Pues el mismo símil se aplica al sostenimiento de las pensiones. Si hoy se necesitan tres personas para sostener a un pensionista (se necesitaban seis hace cuarenta años), es más que probable que en el futuro se necesiten menos trabajador activos para sostener a los inactivos.

Pero incluso aunque se aceptara, que no hay por qué, que el sistema no se puede sostener basado sólo en las cotizaciones de la población trabajadora, se podría recurrir a financiarlo mediante impuestos.

Dependencia y sector de cuidados (cuarto pilar del bienestar)

Como hemos señalado, es el poder de clase es el que determina el subdesarrollo social de España al imponer una insuficiente financiación generalizada de la provisión de los bienes y servicios de bienestar colectivo. Pero donde este subdesarrollo es más acentuado es en aquellos sectores del Estado del Bienestar que afectan a las familias, que en España quiere decir a las mujeres.

En España las escuelas de infancia para niños de 0 a 2 años y los servicios domiciliarios a personas con dependencia están

2. Véase Navarro, V. Torres López, J., Garzón Espinosa, A.: "Están en peligro las pensiones públicas? Las preguas que todos nos hacemos, las respuestas que siempre nos ocultan", ATTAC, 2010.

muy poco desarrollados. Sólo el 10 por ciento de niños de 0 a 2 años van a escuelas de infancia públicas, en comparación con el 28 por ciento de la UE-15 o el 58 por ciento de Suecia. Y lo mismo ocurre en cuanto a los servicios de dependencia: en 2004 sólo un 2 por ciento de las personas con dependencia en España tenían atención garantizada al margen de la no retribuida que pudieran recibir (en la mayoría de las veces por las mujeres) de sus hogares, frente al 18 por ciento en la UE-15 y al 23 por ciento en Suecia.

Este subdesarrollo tiene costes humanos, sociales y económicos extraordinarios.

La insuficiente financiación de los servicios de cuidados y de los que pueden permitir la adecuada conciliación de la vida laboral y personal hace que las labores de cuidados recaigan en su mayoría sobre el hogar. Pero la escasa corresponsabilidad entre hombres y mujeres a la hora de hacerse cargo del trabajo doméstico y de cuidados hace que sean estas últimas las que sobre todo atiendan a los infantes, a los jóvenes y adolescentes que están en casa hasta que tienen 32 años como promedio, a las personas mayores y, en general, casi todas las tareas del hogar. Y el 52 por ciento de ellas además trabaja en el mercado laboral, todo lo cual tiene efectos muy negativos.

En primer lugar genera sobrecarga de trabajo y mucho estrés. Las mujeres españolas tienen tres veces más enfermedades debidas al estrés que el hombre.

En segundo lugar tiene también un coste social elevado: España tiene una de las fecundidades más bajas del mundo. Y ello es fácil de entender pues la mujer joven tiene difícil encontrar un puesto de trabajo que le permita tener acceso a una vivienda, condición necesaria para establecer una familia. Es más, no suele disponer de los servicios de ayuda a la familia que tienen otras mujeres europeas, como las francesas o las suecas.

Finalmente también tiene un enorme coste económico. Si las mujeres en España tuvieran el mismo porcentaje de actividad en el mercado de trabajo que las mujeres suecas, en España habría 3 millones más de trabajadoras creando riqueza y pagando impuestos. De ahí la enorme importancia y exigencia de que se desarrolle el cuarto pilar del Estado del Bienestar para poder permitir la integración de las mujeres al mercado de trabajo. Esto es una inversión de una gran importancia para crear riqueza, mucho mayor, por cierto, que invertir en el AVE, pero, sin embargo, no existe conciencia de ello en los centros de decisión económica del país.

Una buena prueba de esto último es que el mismo gobierno socialista que promulgó las Leyes de Dependencia e Igualdad las dejó casi desde el principio sin financiación suficiente, lo que creó una frustración importante, sobre todo en las comunidades gobernadas por el Partido Popular, en donde se realizaron recortes adicionales que prácticamente han impedido su puesta en marcha. Y también el hecho de que, cuando la crisis económica estalló, han sido precisamente las políticas de igualdad, e incluso el propio Ministerio que se creó como su buque insignia, las primeras que han visto mermar sus presupuestos. Así ocurrió con la ampliación del permiso de paternidad de dos a cuatro semanas que el Gobierno anuló a pesar de estar ya aprobado por ley.

El Estado del Bienestar debería ser una cantera de creación de empleo. Hemos mostrado que si hubiera el porcentaje de personas adultas en el Estado del Bienestar que tiene Suecia, no habría desempleo en España. Pero para ello es necesario que el Estado del Bienestar se vea como una inversión fundamental para mejorar la calidad de vida, así como la eficiencia económica del país.

VI

¿Bajar los salarios o subirlos para crear empleo y recuperar la economía?

A raíz de la crisis económica ha resurgido con más fuerza que nunca la posición neoliberal que reivindica salir de la crisis gracias a un esfuerzo en la moderación salarial. Dicen los economistas neoliberales, y con ellos los gobiernos europeos y por supuesto la misma Unión Europea, que los graves problemas que tienen en sus economías España y otras naciones periféricas se deben a que sus ciudadanos disfrutan de unos salarios demasiado elevados. Según estos economistas lo que estos países tendrían que hacer sería impedir que los salarios suban o que incluso bajaran, porque de ese modo aumentaría la competitividad del país y se saldría de la crisis. Por esa razón todos los debates de economistas y tertulianos están repletos de referencias al manido concepto de la competitividad.

En este capítulo vamos a tratar de mostrar que estos argumentos tampoco tienen sustento científico ni real y que de ellos no pueden salir medidas que de verdad nos permitan evitar la crisis creando más empleo y disfrutando de mayor bienestar. Todo lo contrario, nos llevarían directos a otras medidas cada vez de peores consecuencias. Para mostrar los errores sobre los que están construidos podemos empezar planteando qué es realmente la competitividad de un país.

SALARIOS Y COMPETITIVIDAD

Técnicamente hablando, la competitividad se define como la capacidad que tiene un determinado país para vender sus propios productos en los mercados internacionales en oposición a la capacidad de otros países competidores.

Así, si España consigue vender sus productos a un precio de 10 euros la unidad mientras que el resto de países venden el mismo producto a 5 euros, decimos que España es menos competitiva que el resto de países. Como es menos competitiva exportará menos productos, ya que los ciudadanos preferirán comprar los productos que cuestan 5 euros a los que cuestan 10 euros.

En un sentido microeconómico esas empresas españolas que no pueden vender sus productos (porque los de la competencia lo hacen con menores precios) correrán el riesgo de quiebra y, por tanto, procederán al despido de trabajadores y destrucción de empleo. En un sentido macroeconómico y debido a que las exportaciones forman parte del PIB se argumenta también que menos exportaciones suponen un menor crecimiento económico que llevará consigo menos empleo.

Explicado así, se puede observar que el elemento diferenciador está en el precio de venta de los productos. Diríamos que España es menos competitiva porque, como aparece en nuestro ejemplo, vende el producto el doble de caro que el resto de países y eso hace que la gente prefiera comprar el producto de los competidores antes que el producto español.

La solución planteada por los neoliberales no deja lugar a equívocos: es necesario que los productos se vendan más baratos y para eso es imprescindible que los costes de producirlos se reduzcan, por lo cual el salario —que es uno de esos costes— tiene que rebajarse. Y tiene que hacerlo al menos hasta el punto en que permita que los productos se puedan vender competitivamente, es decir, hasta que se puedan vender igual o más baratos que los del resto de países.

Sin embargo, hay muchos interrogantes en este argumento que hacen tambalearse las conclusiones neoliberales.

EL DOBLE PAPEL DE LOS SALARIOS

Como acabamos de decir, los neoliberales consideran que el salario es un coste y además el más importante a la hora de determinar los precios. Parten de la interpretación individual de un empresario, para el cual cuanto más bajos estén los salarios menores costes soportará y, por tanto, mayor capacidad tendrá para disminuir los precios.

Podría aceptarse que a los empresarios considerados individualmente les interese que los salarios de sus trabajadores sean lo más bajos posible (aunque eso quizá pueda suponer la renuncia al incremento de productividad que puede llevar consigo trabajadores más satisfechos por disfrutar de mejores retribuciones).

Pero si esos empresarios son inteligentes estarán interesados también en que los salarios de los trabajadores del resto de empresarios sean los más altos posibles.

La explicación de esta paradoja es bien sencilla.

El salario es a nivel microeconómico un coste pero a nivel macroeconómico es también un componente fundamental de la demanda, es decir, de la capacidad de consumo de una economía. Si los salarios bajan para todos los trabajadores, entonces la capacidad de consumo global también será mucho menor y los empresarios tendrán menos posibilidades de vender todos los productos que producen.

Esa paradoja explica un hecho bien conocido por la historia económica. Cuando una economía entra en crisis, se producen despidos y, por tanto, también se reduce la capacidad de consumo global porque muchos de los trabajadores que disponían de salarios dejan de tenerlos. Con menor capacidad de consumo las empresas venderán menos y, como venderán menos, tendrán que despedir trabajadores o bajar salarios para mantenerse a flote. Como cualquiera de esas dos opciones también produce un nuevo descenso de la capacidad de consumo... se produce un círculo vicioso de despidos y caída del consumo que durará hasta que la economía pueda reactivarse mediante mecanismos externos como la actuación del Estado o fenómenos como las guerras que provocan una movilización masiva de los recursos.

Durante la Gran Depresión de la década de 1930 se pudo comprobar cómo ese círculo vicioso amenazó con destruir definitivamente la economía mundial, y los economistas aprendieron muy bien la lección. Por esa razón, por ejemplo, promovieron planes de estímulo público que tenían como objetivo proporcionar de forma masiva empleo a los trabajadores a fin de que sus sueldos sirvieran para comprar los productos de las empresas que estaban sin poder vender.

Además se establecieron medidas de la misma filosofía, como aumentar el salario mínimo o establecer prestaciones por desempleo, las cuales no sólo reducen los problemas sociales sino que además mitigan los efectos perjudiciales de la caída del consumo, ya que aunque los trabajadores pierden el salario siguen recibiendo dinero del Estado que volverá a la economía por el lado del consumo.

Por todo ello, promover la rebaja salarial en una economía (y máxime en época de crisis) es empobrecer no sólo a los propios trabajadores sino también a la economía en su conjunto y por supuesto a sus propias empresas. Rebajas en los salarios acompañadas de la supresión de medidas de prestaciones sociales y de una reducción generalizada del gasto público sólo pueden llevar a un estancamiento de la crisis, pues la economía carecerá del impulso necesario para superarla. Y, de hecho, eso es lo que está ocurriendo desde que los gobiernos, siguiendo la presión de los bancos y de las grandes empresas interesadas sólo en cobrar sus deudas y asegurarse su poder de mercado, acordaron por desgracia suprimir los programas de gasto y apoyo a la actividad económica.

El conjunto de las empresas disfrutaría de una mejor situación y obtendría más beneficios si los empresarios fueran capaces de entender esta paradoja, pero no es eso lo que ocurre en la realidad. Unas veces prima la visión particularista que solamente contempla el interés propio, sin comprender que la vida y el éxito de una empresa dependen tanto o quizá más de lo que ocurra en su entorno como en su propio interior. Otras veces las empresas más grandes que tienen su demanda interior cautiva y también mucha actividad en otros países y que, por tanto, no dependen tanto del nivel salarial global son las que imponen las políticas de bajos salarios.

Estas últimas empresas, como las de servicios básicos (energía, comunicaciones, banca, alimentación...) cuyas ventas no dependen tanto del nivel de salario (porque las personas o las familias han de consumir casi necesariamente sus productos), sí pueden conseguir mayores beneficios si bajan el montante total de salarios nacionales, porque venderán más o menos lo mismo y entonces operarán con menos costes. Pero las empresas (sobre todo las pequeñas y medianas) que venden principalmente al interior y mucho más en función de la renta de los consumidores sí se verán muy afectadas si baja el montante de los salarios.

El problema, pues, consiste en que, bien sea por ceguera o porque el interés de las empresas más poderosas se impone, entre los empresarios predomina la idea de que convienen los salarios bajos cuando eso simplemente reduce sus ventas potenciales y anticipa crisis por falta de consumo.

¿Bajar salarios o aumentar la productividad?

Por otro lado, hay que tener en cuenta que cuando un empresario se propone reducir sus costes tiene siempre dos opciones. La primera, ya apuntada, es bajar los salarios. La segunda, incrementar la productividad. Los neoliberales suelen prestar ninguna o poca atención a esta segunda opción mientras que concentran todos sus esfuerzos en la primera. Pero ambas son perfectamente viables como formas de reducir los costes, sólo que la segunda no supone un empobrecimiento generalizado y no amenaza a la economía con la depresión.

Incrementar la productividad significa producir más por cada trabajador o cada hora de trabajo y cuando eso sucede se puede producir cada producto a un menor coste.

Lo que ocurre es que las formas de incrementar la productividad son variadas, no son fácilmente cuantificables e implican un tipo de distribución de los ingresos más complejo y conflictivo, sobre todo porque obliga a dar a los trabajadores participación y una cierta capacidad de decisión sobre las estrategias empresariales. Y esto último implica ceder una parte del poder que los empresarios tienden a concentrar en el seno de la empresa.

Se sabe, por ejemplo, que mejores formas de organización empresarial permiten incrementar la productividad. Algo que tiene que ver con la cantidad de trabajo y con su distribución horaria. Que un trabajador esté ocho horas en la oficina no significa que produzca más o mejor, y de hecho es seguro que si trabajara seis horas pero lo hiciera en mejores condiciones podría aumentar su productividad. Los horarios y el ambiente laboral son en efecto muy importantes a la hora de determinar la productividad y lo mismo puede decirse del ambiente natural, de los sistemas de transporte hacia el trabajo, de la facilidad para compatibilizar el trabajo con la vida social y personal o de la participación de los trabajadores en las decisiones estratégicas de la empresa. Trabajadores desmotivados son trabajadores que no producirán tanto como los que están motivados y felices en sus puestos de trabajo.

Pero además de ello la productividad depende de la tecnología, de la educación y de los sistemas informáticos de gestión del tiempo y producción. Un trabajador o trabajadora que sepa utilizar perfectamente cualquier maquinaria u ordenador producirá más y mejor que otro que no sepa hacerlo, y cualquier maquinaria u ordenador que esté actualizado tecnológicamente permitirá que los trabajadores puedan sacar más rendimiento a su tiempo. En definitiva esas variables son extremadamente importantes a la hora de incrementar la productividad.

Pero para incrementar la productividad de esa forma hace

falta dedicar esfuerzos notables de gasto público, que es el único capaz de gestionar de forma eficiente los cambios necesarios de esta naturaleza en cualquier economía. En primer lugar hace falta una inversión cuantiosa en educación, pero en una educación bien planificada de acuerdo con las necesidades concretas de producción de una economía. En segundo lugar hace falta mucha inversión en investigación y desarrollo, y eso supone mantener y fomentar grupos de investigación en España que puedan remunerar de forma adecuada a los profesionales investigadores que desean poner a su disposición su conocimiento. Conocimiento por otra parte adquirido en el sistema educativo del país, de modo que todo está interrelacionado. También es imprescindible el gasto público para configurar y mantener los sistemas de transporte más adecuados y eficientes, como también lo es para garantizar que haya las condiciones laborales adecuadas para que pueda incrementarse la productividad. Trabajadores que no pierden dos horas conduciendo de casa al trabajo, que cobran de acuerdo a su cualificación y que no tienen miedo a ser despedidos en cualquier momento son trabajadores más productivos y eficaces.

También la misma ceguera de antes o la aversión de las personas con niveles más altos de renta a pagar los impuestos necesarios para poner en marcha desde el sector público esos instrumentos que permiten mejorar la productividad hacen que finalmente no se disponga de ellos y las empresas se vean obligadas a recurrir a esa forma más pobre y empobrecedora de competir que es la que lo hace a través de la moderación salarial.

SALARIOS Y CUOTAS DE MERCADO

Pero cuando se produce la falla más grande de los argumentos neoliberales destinados a reclamar los salarios más bajos como supuesta mejor forma de competir es cuando se contrasta lo que ocurre con la evolución de los salarios en la realidad y con su relación con las mayores o menores cuotas de mercado que tienen los países.

Recientemente los economistas Sylvain Broyer y Costa Brunner demostraron que la evolución de las cuotas de mercado intraeuropeas no tiene nada que ver con los costes de competitividad. Según estos autores la cuota de Francia disminuye desde 1998 hasta 2008 mientras que su competitividad permanece estable, la de Italia cae en consonancia con su competitividad, pero la de España se mantiene a pesar de que tiene menos competitividad que Italia, y los Países Bajos pierden competitividad pero ganan mercado.[1] Como señalan estos autores, para que las cuotas de mercado de los diferentes países respondieran a sus distintos niveles de costes, esto es, para que se pudiera producir, por ejemplo, el efecto que se pretende alcanzar con las medidas de ajuste salarial que impone el pacto del Euro Plus, tendría que suceder que todos los países de la zona exportaran los mismos productos, es decir, que fueran perfectamente sustituibles entre sí, que es justo lo contrario de lo que ocurre en Europa, en donde la tendencia observada es la de una progresiva especialización.

No se puede afirmar, por tanto, que el ajuste salarial que se busca mediante las reformas políticas dirigidas a flexibilizar los mercados laborales genere siempre ganancias de competitividad y tampoco que éstas tengan siempre y automáticamente como efecto una mayor generación de empleo en la economía.

¿SON CULPABLES LOS SALARIOS DE LA BAJA COMPETITIVIDAD?

Además de la evidencia que acabamos de señalar, lo que deja aún peor al argumento neoliberal es que los salarios ya han estado cayendo durante los últimos diez años sin que este

1. Sylvain Broyer y Costa Brunner, *L'évolution récente des parts de marché intra-UE n'a rien à voir avec la compétitivité coûts*, Flash Economie, Natixis, núm. 193, 2010).

hecho haya supuesto una mejora de la competitividad de la economía española.

Los economistas neoliberales suelen argumentar que los españoles hemos vivido por encima de nuestras posibilidades y que tenemos sueldos demasiado altos en relación a lo que producimos y a lo que deberíamos cobrar. Pero ese argumento no se puede sostener si se contemplan los datos de evolución de salarios que reflejan una caída continuada muy aguda.

Sí es cierto que los salarios nominales han subido a lo largo de todos estos años, pero eso es algo que no nos dice mucho. Sólo nos indica que si ayer cobrábamos 1.000 euros hoy cobramos 1.100 euros, pero no nos explica cuánto más o cuánto menos ricos somos. Porque para responder a eso se necesita saber cómo han subido los precios, es decir, el coste de la vida. Quizá con 1.000 euros ayer podíamos comprar todo lo que necesitábamos y hoy, sin embargo, con 1.100 euros somos incapaces de comprar la mitad. Para resolver esa duda lo que hay que hacer es analizar la evolución del salario real y no la del salario nominal.

Y si observamos la evolución del salario real nos damos cuenta de que los datos reflejan perfectamente la percepción generalizada de la población española: que cada vez tenemos menos poder adquisitivo porque con el mismo sueldo podemos comprar menos cosas. Así, desde 1994 hasta 2006, cuando comenzó la crisis, los salarios reales cayeron un 5,94 por ciento.

Pero además resulta que la participación salarial en la renta cayó en el mismo periodo un 7,98 por ciento. Lo que quiere decir que, aunque el país se ha enriquecido desde 1996 hasta 2004, y que, por tanto, la tarta que hay que repartir ha aumentado, la proporción que ha correspondido a los trabajadores se ha reducido en ese porcentaje del 7,98 por ciento, en oposición, claro está, con el crecimiento equivalente de los beneficios empresariales. Y, sin embargo, no ha aumentado nuestra competitividad, sino todo lo contrario, lo que significa que esta última depende de otros factores y que no se va a conseguir que mejore ahora bajando aún más los salarios.

LA RESPONSABILIDAD DEL PODER EMPRESARIAL EN NUESTRA MENOR COMPETITIVIDAD

Como se puede deducir de lo que hemos analizado hasta aquí, para poder evaluar correctamente el impacto de los salarios en la competitividad de una economía hay que relacionar su magnitud y su evolución con la productividad y con los precios, y eso se puede hacer a través de un concepto técnico muy importante pero cuyo significado se puede entender también con facilidad: los llamados "costes laborales unitarios", que miden el coste salarial medio que cuesta producir una unidad de producto.

Para entender la importancia de este concepto vamos a poner un sencillo ejemplo.

Supongamos una empresa X que fabrica sillas y en la que trabajan 10 empleados que ganan en total 100.000 euros al año y que producen un total de 10.000 sillas.

Para saber qué nos están costando nuestros trabajadores y para medir si son más o menos productivos que los de la competencia calculamos los costes laborales unitarios (CLU) dividiendo el salario medio (100.000/10) entre la productividad, sabiendo que esta última se calcula dividiendo el producto total (10.000) entre el número de trabajadores (10).

Eso quiere decir que el coste laboral unitario habrá sido de 10 [CLU = (100.000/10) / (10.000/10) = 10].

Esto es lo mismo que decir que si cada trabajador fabrica por término medio 1.000 sillas y que si su salario medio es 1.000, entonces el coste laboral medio o unitario de la silla es de 10.

Ahora imaginemos que tenemos otras dos empresas competidoras. Una de ellas, la empresa Y, tiene también 10 trabajadores que también producen 10.000 sillas pero a los que paga menos (80.000 euros en total). La otra, la empresa Z, tiene también 10 trabajadores a los que paga 100.000 en total pero dispone de mejor tecnología y son capaces de producir 12.500 sillas en total.

Los costes laborales unitarios de esas dos empresas, calculados como indicamos antes, son de 8 en ambas, es decir, más bajos que los de la empresa X.[2]

Eso nos demuestra lo que adelantamos antes: que se puede ser más competitivo porque se bajan los salarios, como la empresa Y, o porque se es más productivo, como la empresa Z.

Podríamos decir entonces que los costes laborales unitarios reflejan el contrapeso que hay en cada empresa entre el salario y la productividad. Por eso se puede deducir que, si los salarios suben más que la productividad, los costes laborales unitarios subirán también y, por tanto, la empresa en la que eso ocurra será menos competitiva.

Cuando hemos utilizado el concepto de costes laborales unitarios, como hasta ahora, para el caso de empresas que producían el mismo producto no hemos tenido problemas en la comparación y hemos podido saber quién era más o menos competitiva. Pero cuando lo aplicamos al conjunto de la economía, en la que se producen millones de productos distintos, ya no podemos comparar peras con manzanas y entonces tendríamos que homogeneizar recurriendo al valor monetario de cada producto, que es el resultado de multiplicar la cantidad producida por el precio.

Y eso quiere decir que para el conjunto de toda la economía los costes laborales unitarios ya no muestran el contrapeso entre salarios y productividad sino que ahora hay que tener en cuenta cómo varían los precios.

Y así llegamos a donde queríamos llegar: los economistas Jesús Felipe y Utsav Kumar han demostrado que entre los años 1980 y 2007 los costes laborales unitarios de la Zona Euro han aumentado (y también en España, por cierto), pero que este aumento se explica por incrementos en los precios y no en los salarios.[3]

2. En la empresa Y serían [(80.000/10) / (10.000/10) = 0,8] y en la empresa Z [(100.000 /10) / (12.500 /10) = 0,8].
3. Jesús Felipe y Utsar Kumar, *Unit Labor Costs in the Eurozone: The Competitiveness Debate Again*, Working Paper of Levy Institute, 2011.

Esto significa que, incluso si se aceptara, como dicen los neoliberales, que los costes laborales unitarios son los determinantes de la competitividad y ésta del empleo, no se podría afirmar, como se viene haciendo para imponer las políticas de recorte salarial de la Unión Europea, que la medida para reducirlos sería el ajuste salarial. Por el contrario, habría que intervenir en el componente precios.

Y lo que sabemos sobre las subidas de los precios, que son las que nos están haciendo perder competitividad, es que tienen sobre todo que ver con el poder de mercado del que gozan las grandes empresas.

Resulta entonces que lo que está haciendo menos competitivas a las empresas y a las naciones de la Zona Euro no es que suban los salarios (de hecho, no podía serlo cuando, como hemos visto, los salarios han bajado en términos reales y también su participación en la renta total), sino que los mercados están dominados por grandes empresas que tienen poder suficiente para subir los precios o para mantenerlos cuando bajan los costes. Y es ese poder excepcional que las empresas utilizan para obtener beneficios extraordinarios controlando los precios al margen de las reglas de la competencia lo que, en todo caso, nos hace perder competitividad o, al menos, lo que explica que hayan subido los costes laborales unitarios.

Y eso sí que es un freno importante a la creación de empleo porque ésta no la producen esas grandes empresas sino las pequeñas y medianas en su mayor parte (alrededor del 80 por ciento), sobre las que se trasladan en forma de mayores costes los precios más elevados que les imponen las que tienen poder sobre el mercado.

La imposibilidad de que todos los países sean competitivos

La estrategia neoliberal recomienda el incremento de la competitividad para todos los países y la aplicación en todos ellos de las mismas medidas, con independencia de las situaciones específicas, lo que también conlleva un grave error de concepto.

Ya hemos dicho que la idea de ser más competitivo es la de poder vender los productos a un precio más bajo que los rivales para poder aumentar así las exportaciones. Pero entonces está claro que no todos los países pueden ser competitivos a la vez. Las exportaciones de unos países son las importaciones de otros, de modo que no todos ellos pueden aumentar su relación exportaciones/importaciones. Es una carrera en la que no pueden ganar todos y en la que es muy difícil que, si sólo predominan las leyes del mercado, quienes salen con ventaja lleguen a perder sus posiciones dominantes.

A la vez hay que recordar que se puede ser competitivo en algunos sectores y no competitivo en otros. Lo que significa que las medidas que pueden ser recomendables para algunas empresas pueden ser contraproducentes para otras.

Así, la rebaja de salarios puede ser una buena medida en España, como hemos adelantado antes, para las grandes empresas que pagan salarios aquí pero venden en terceros países donde los salarios no bajan, pues de esa forma reducen sus costes salariales mientras que sus ventas no disminuyen.

Pero las pequeñas y medianas empresas no suelen exportar su producción y sus ventas dependen de la capacidad de consumo interna, es decir, del nivel de salarios que haya en la economía. Por eso lo que hace la bajada de salarios que imponen las grandes empresas exportadoras es asestar un golpe durísimo porque, aunque puedan bajar sus costes, también lo hacen sus ventas y, en definitiva, sus ingresos, lo que les lleva a destruir empleo.

Incluso hay que tener en cuenta que también las grandes empresas que vendan en mercados europeos se verán igualmente en problemas si las medidas neoliberales se aplican con éxito en toda Europa. En ese caso esas grandes empresas también verán cómo sus ventas caen al ser sus compradores más pobres que antes.

Por estas razones no es cierto que la búsqueda compulsiva de la competitividad sea una estrategia que nos enriquezca a todos, como afirman los neoliberales para justificar sus propuestas de reducción de salarios, sino más bien todo lo contrario. Al estar basadas en esa permanente pérdida de poder adquisitivo son estrategias globalmente empobrecedoras.

La alternativa debe ser otra. Por un lado tratar de mejorar la posición en los mercados mediante estrategias basadas en la mayor productividad, en la calidad y en la innovación y no en la simple reducción del salario. Y, por otro lado, establecer la cooperación como principio que guíe las relaciones económicas, favoreciendo acuerdos y sinergias, la colaboración y el estímulo mutuo para encontrar fórmulas orientadas fundamentalmente a satisfacer las necesidades humanas y no sólo a que las grandes empresas obtengan cada vez más beneficio a costa de limitar la capacidad global de producir los bienes y servicios que necesitan los seres humanos.

La necesidad de un pacto nacional sobre el reparto de la renta

En nuestra opinión los principales problemas estructurales de la economía española a los que ya hemos hecho referencia son el alto nivel de desempleo incluso en épocas de bonanza económica, nuestra insuficiente capacidad de generar ingreso y la poca competitividad de nuestras empresas. Y todos ellos tienen que ver con un mismo factor: la desigual distribución de la renta que se ha ido agudizando en los últimos años.

La caída de la participación de los salarios en la renta nacional en España ha sido de unos 10 puntos en la última década (frente a unos 4 puntos en Alemania) a pesar de que ahora hay unos 5 millones más de trabajadores ocupados, y de unos 13 puntos desde 1976. Eso ha estado necesariamente asociado a una constante pérdida de fuerza de la demanda interna, que es la que puede sostener la creación de empleo de las pequeñas y medianas empresas y, lógicamente, a un crecimiento paralelo del excedente empresarial que tampoco ha servido para crear empleo, como dicen los neoliberales que debe ocurrir cuando reclaman constantemente moderación salarial.

Si se quiere recuperar el empleo en España, si se quiere dar la vuelta a una economía que lo destruye a poco que se deteriora la actividad en su entorno, hay que cambiar el modo de generar ingreso y de distribuirlo.

LA EVOLUCIÓN DE LAS RENTAS DEL TRABAJO Y DE LA DESIGUALDAD SALARIAL

El salario medio medido en euros estandarizados (es decir, en euros homologables en su capacidad adquisitiva entre países de distinto nivel de riqueza) por trabajador era en España en 2007 de 27.348, en Grecia de 24.485 y en Portugal de 20.072, los tres países con la media salarial más baja de la UE-15, que es el grupo de países de la Unión Europea que tienen un nivel de desarrollo económico semejante al nuestro.

La media salarial de Dinamarca en ese mismo año fue de 36.184, la de la Gran Bretaña 38.145 y la de Luxemburgo de 44.602, siendo estos países los que tenían la media salarial más alta.

Pero hay que tener en cuenta que esa cantidad mide la media de los salarios de la gente que trabaja en el momento en que se calcula sin tener en cuenta el nivel de desempleo (es decir, los que no trabajan y buscan empleo). Si se incluye este último, la media salarial en los países con gran desempleo, como es el caso de España, es mucho menor que la cifra citada anteriormente. De ahí que el nivel salarial para toda la población (ocupada y no ocupada) en España sea incluso más baja que la cifra citada.

Además, en España hay una gran distancia entre los salarios altos y los bajos. Así, dividiendo las rentas salariales por decilas (grupos en los que están desde el 10 por ciento de mayor salario medio al 10 por ciento de menor), se puede ver que los que están en la decila superior tienen unos salarios que son 3,46 veces mayores que los de la decila inferior (uno de los diferenciales más elevados de la UE-15). En Suecia este diferencial es sólo 2,28 veces, en Dinamarca 2,73 veces y en Finlandia 2,57 veces. En Alemania es 3,35 veces y en Francia 2,91.

España también es el país en el que existe mayor diferencia entre los salarios altos y la media salarial (contando las veces que la decila superior salarial es mayor que el salario medio). Lo que caracteriza, pues, la situación en España es una media salarial muy baja con una dispersión salarial muy elevada (es decir, con un alto porcentaje de trabajadores con salarios bajos): del 17 por ciento en 2007.

Esto último refuta claramente el dogma neoliberal según el cual la dispersión salarial es una condición necesaria de eficiencia económica y elevada productividad. Los países nórdicos tienen salarios más altos, con menores desigualdades salariales, y son los que tienen y gozan de mayor eficiencia económica precisamente porque allí el porcentaje de salarios bajos es ínfimo.

El excesivo número de salarios bajos en España se debe en parte a unos salarios mínimos muy bajos (junto con Grecia y Portugal). Aquí el salario mínimo es menos de la mitad que en países como Francia, Bélgica, Holanda o Reino Unido.

Y, como es bien conocido, en España los economistas, los empresarios y los políticos conservadores y neoliberales se oponen a la elevación del salario mínimo y proponen incluso su eliminación. Argumentan que su elevación destruiría empleo pero los datos muestran, por el contrario, que Grecia, España y Portugal, que son los países con el salario mínimo más bajo de la UE-15 (en 2008 en Grecia era de 4,86 euros estandarizados por hora, en Portugal de 3,31 y en España de 4,07 euros por hora), tienen también el mayor nivel de desempleo. Mientras que Francia, Bélgica, Holanda y Gran Bretaña, que tienen un salario mínimo que es más del doble del de España (Francia 8,70, Bélgica 8,23, Holanda 8,22 y Gran

Bretaña 8,06 euros estandarizados por hora), tienen un desempleo mucho menor.

En contra de lo que dicen los neoliberales es necesario el aumento del salario mínimo, porque tiene un impacto muy positivo en el nivel salarial de la mayoría de la población empleada, aumenta su capacidad adquisitiva, ayuda a que se recupere la demanda y sirve de estímulo para el aumento de la producción y del empleo. Por eso una de las medidas de mayor éxito tomadas por el presidente Franklin Roosevelt para salir de la Gran Depresión en Estados Unidos fue aumentar el poder de los sindicatos (para que crecieran los salarios) y subir así el salario mínimo.

En resumidas cuentas, en España los salarios son demasiado bajos y la dispersión salarial es demasiado acentuada, lo cual es causa y efecto a la vez de la persistencia de un régimen de distribución de la renta que hace que la economía sea muy ineficiente y tenga que soportar constantemente un altísimo nivel de endeudamiento familiar.

Los beneficios empresariales: tanto aumento ¿para qué?

Mientras que los trabajadores vienen sufriendo la pérdida constante de poder adquisitivo de los salarios y peso en la distribución de la renta, recayendo sobre sus espaldas los sacrificios que las políticas neoliberales obligan a hacer, los beneficios de los grupos empresariales más importantes de España que marcan la pauta de desarrollo económico no se han visto afectados. Durante el periodo de la crisis (2007-2010), época durante la cual el número de desempleados ha pasado de 1,8 millones en 2007 a más de 4 millones en 2010, sólo tres empresas que componen el Ibex-35 (las 35 más grandes que cotizan en Bolsa) han tenido pérdidas, lo cual supone sólo un 8,5 por ciento de las grandes empresas. Todas las demás reportaron beneficios. Es más, de las tres que indicaron pérdidas, dos tuvieron pérdidas sólo durante el primer año y al año siguiente beneficios de más de 900 millones de euros una de ellas, y más de 2.000 millones de euros en la otra. Sólo la tercera empresa, ACERINOX, obtuvo pérdidas dos años seguidos y consiguió obtener 123 millones de euros de beneficio en 2010.

El centro del mundo empresarial no ha tenido pérdidas durante estos años de crisis y a pesar de ello se ha destruido empleo, lo que ratifica la necesidad que planteamos en el capítulo anterior en el sentido de obligar a las grandes empresas a realizar una gestión del empleo en función de la demanda social de bienes y servicios y no sólo de su beneficio. Ha de impedirse que empresas que obtienen beneficios puedan disminuir sus plantillas y es imprescindible que cualquier ventaja fiscal que puedan obtener (al revés de lo que ahora sucede) deba estar condicionada a la creación de empleo y al mejoramiento salarial de sus empleados o al establecimiento de un fondo en la empresa, conjuntamente gestionado por los empleados y la dirección, con el fin de crear empleo.

Se trata de medidas que ya existen en muchos países europeos, en donde, por cierto, hay mucho menor desempleo que en el nuestro, mucha más competitividad y mayor eficiencia económica y bienestar social. Su implantación en España está aún más justificada precisamente porque aquí las grandes empresas tienen un poder excesivo y muy negativo desde el punto de vista de hacer más eficiente y más justa a la actividad económica a costa del que tienen los trabajadores, los pequeños y medianos empresarios.

Como hemos visto, este excesivo poder de los grandes grupos empresariales ha destruido empleo y ha provocado pérdidas de competitividad al suponer subidas de costes laborales unitarios asociadas a presiones sobre sus precios. Y sus grandes excedentes han alimentado la burbuja especulativa y grandes salidas de capital hacia otros países en detrimento de la inversión y del desarrollo nacional. Hay que poner fin a todo ello urgentemente.

Pacto de rentas y cambio de modelo productivo

Las propuestas que hacemos nacen de lo que nos parece que son tres evidencias fundamentales de la economía española.

La primera, que sus grandes limitaciones que ya hemos mencionado repetidamente, tienen su origen en la desigualdad y en la insuficiencia de rentas orientadas a su demanda y a su mercado interno.

La segunda, que nos parece que no tiene ningún sentido económico ni es en absoluto viable que todas las economía europeas o todos los sectores y empresas españolas traten de ser competitivas unas frente a otras.

Y la tercera, que la experiencia muestra que no es posible mantener niveles de empleo y de ingreso satisfactorios o suficientes mediante políticas cuyos simples efectos son deprimir la demanda interna y aumentar el excedente empresarial.

Nos parece que de esta evidencia se debe deducir que la regeneración de la economía española sólo puede proceder de una estrategia de fortalecimiento de su mercado interno combinada con otra que modifique a medio y largo plazo su dimensión exportadora, sustituyendo su especialización tradicional por otra basada en nuevas líneas productivas que puedan ser competitivas sin recurrir al simple expediente de los recortes salariales. En nuestra opinión todo ello podría ser posible si se forjara un gran pacto de rentas que permitiera que los salarios recuperen, en un plazo que puede estar entre los cinco y diez años, el mayor nivel de participación en la renta nacional alcanzado en la etapa democrática.

Es fundamental entender que esta medida no va solamente en beneficio de los asalariados sino que al dedicar éstos la mayor parte de sus incrementos de renta al consumo, produciría también una extraordinaria recuperación de la oferta y de los beneficios de las pequeñas y medianas empresas, que la experiencia nos dice que se traducen enseguida en incrementos de las contrataciones.

Para que esta medida fuera viable y tuviera un impacto verdaderamente transformador sería necesario que al mismo tiempo se dispusiera del capital humano, físico y social necesario, lo que obligaría a poner en marcha sobre todo planes extraordinarios de inversiones en educación, innovación y desarrollo, a reconvertir la política de creación de infraestructuras para dejar de estar al servicio de la ganancia de las grandes empresas (en especial bancarias y constructoras) que permitiera la puesta en marcha de las actividades de nueva generación a las que nos referimos en el capítulo III, lo que lógicamente obliga, como veremos en el siguiente capítulo, a aumentar la presencia del sector y el gasto público y no a reducirlo como proponen los neoliberales.

LA VIABILIDAD DE LA PROPUESTA

Como hemos comentado, los economistas neoliberales, los dirigentes de los bancos centrales, los organismos internacionales como el Fondo Monetario Internacional (FMI) o la Organización para la Cooperación y el Desarrollo Económico (OCDE) y, por supuesto, los banqueros y los líderes de la patronal afirman que la mejor vía para salir de la crisis y lograr que crezcan la actividad económica y el empleo es bajar los salarios. Y como lo hacen con tanta insistencia y diciendo siempre que se trata de una idea científica es normal que la población termine creyendo que es así.

Pero es muy importante ser consciente de que las cosas no son exactamente como las pintan los neoliberales y que hay evidencias empíricas que demuestran, por el contrario, que las propuestas que estamos realizando son mucho más eficaces para generar actividad económica y crear empleo.

Además de las razones que ya hemos analizado con anterioridad, los neoliberales argumentan que el crecimiento económico es espoleado fundamentalmente por las empresas y, por tanto, que es necesaria una alta participación de los beneficios en la renta para que se pueda invertir y así se puedan contratar trabajadores. De modo que los incrementos de la participación de los salarios en la renta debilitarían el crecimiento económico y la creación de empleo. Pero otros economistas estiman, por el contrario, que el crecimiento económico es el resultado de que aumente no sólo la inversión sino también el consumo, el gasto público y el saldo del comercio exterior. Y, por tanto, que se puede generar crecimiento económico mediante el estímulo del consumo que favorecen los salarios más elevados.

Hace ya tiempo, en 1990, los economistas Amit Bhaduri y Stephen A. Marglin desarrollaron un modelo para estudiar cuál de las dos estrategias resulta más favorable para las economías y concluyeron que el resultado final dependía de la configuración de la economía. Es decir, que subir y bajar salarios sería bueno o malo para el crecimiento económico dependiendo de las características específicas de la economía en cuestión.

Según estos economistas un aumento de la participación de los salarios puede debilitar la inversión porque reduce el ahorro −como dicen los neoliberales para justificar que no suban−, pero también incrementa la demanda global de la economía, como sabemos, al aumentar el consumo. El resultado final dependerá entonces de la *sensibilidad* de la inversión ante las variaciones de la participación de los salarios en la renta.

Pues bien, los estudios empíricos que se han realizado a partir del modelo de Bhaduri y Marglin han determinado que en la mayoría de las economías europeas (incluida la economía europea como un todo) lo mejor para aumentar el crecimiento económico es la alternativa de subir los salarios. Y un estudio realizado por Martin Naastepad en 2007 para España concluyó asimismo que esa estrategia también era la más conveniente para el caso español.

Podemos afirmar, por tanto, que la estrategia neoliberal basada en reducir salarios no favorecerá ni el crecimiento de la actividad ni el aumento del empleo en España y, en consecuencia, que para lograrlos es más acertado actuar como acabamos de proponer.

VII

La financiación de otro modelo de actividad económica

Como vimos en el capítulo I, el primer efecto destructor de la crisis que emergió en 2007 fue el cierre del crédito a las empresas y a los consumidores, una circunstancia que aún no está resuelta y que, por tanto, y mientras no se solucione, paraliza cualquier tipo de salida a corto plazo de la economía y, por supuesto, el recambio de modelo productivo a medio y largo plazo.

Veremos en este capítulo qué soluciones alternativas tiene este asunto frente a la incapacidad de las autoridades para resolverlo.

Las grandes empresas disponen de gran cantidad de fondos propios y no necesitan tanto de la financiación bancaria, pero las pequeñas y medianas empresas dependen enteramente de los préstamos para financiar su actividad ya que, a diferencia de las primeras, ni tienen liquidez sobrante ni capacidad para emitir acciones o títulos financieros con los que recibir fondos. Por eso el hecho de que los bancos dejaran de prestar dinero, o que lo hicieran pero a un tipo de interés prohibitivo, supuso un durísimo golpe a la economía real (el 87 por ciento de las PYMES reconocía a comienzos de 2011 tener problemas para obtener un crédito).[1] Y con ello también al empleo, puesto que son precisamente las pequeñas y medianas empresas las que generan la mayor parte del empleo.

Además el cierre del grifo crediticio afectaba también a los hogares, los cuales se endeudaban para compensar una pérdida

---

1 *Expansión.com*, 27-IV-2011 (http://www.expansion.com/2011/04/27/economia/1303896280.html).

sistemática de poder adquisitivo. En definitiva los bancos internacionales habían generado un problema importante de financiación de la economía y su crecimiento. Habían empujado a la economía a la crisis.

En esa coyuntura el Banco Central Europeo y los Estados decidieron actuar, pero lo hicieron mal. En lugar de garantizar una banca pública y abrir ellos mismos un canal de transmisión del dinero público hacia la economía, con lo que la actividad económica se hubiera recuperado, tanto el BCE como los Estados siguieron confiando la marcha de la economía a la banca. Ambos prestaron dinero a los bancos a unos tipos de interés muy bajos con la intención de que éstos prestaran a su vez ese mismo dinero a las empresas y a los hogares (aunque, eso sí, a un tipo de interés más alto).

Sin embargo, la banca utilizó el dinero público barato para tapar sus agujeros, para seguir especulando en los mercados financieros o para prestar a los mismos Estados que les estaban dando el dinero. El resultado fue el que cabía esperar: los problemas de financiación de la economía continuaron y la banca siguió sumando beneficios pero ahora a costa de un mayor endeudamiento de los Estados.

LA DEUDA PÚBLICA

Por otro lado, la crisis también secó pronto otra importante fuente de financiación de la economía: la que viene del Estado.

Como cualquier otro agente económico, el sector público tiene tanto ingresos como gastos y, como consecuencia de la recesión provocada por la crisis bancaria, los ingresos del Estado habían comenzado a disminuir.

Los ingresos de los Estados provienen fundamentalmente de los impuestos, cuya cuantía final depende sobre todo de las rentas personales o de los beneficios empresariales que se obtienen (el Impuesto sobre la Renta de las Personas Físicas y el Impuesto sobre Sociedades) o del consumo que se realiza

(IVA), y en épocas de recesión como la que creó la crisis es lógico que todos ellos caigan en picado, como en efecto ocurrió.

Pero, por otro lado, los gastos del Estado estaban aumentando, puesto que para intentar superar la crisis no sólo se vieron obligados a prestar dinero a los bancos o directamente a rescatar entidades financieras sino también a realizar planes de estímulo a la economía que eran muy costosos.

En definitiva, los gastos en aumento y los ingresos a la baja llevaban a la necesidad de endeudamiento público, es decir, a pedir prestado a quienes tienen dinero.

En España la deuda pública representaba en 2006, antes de la crisis, un 39,6 por ciento del PIB, muy poco. Pero en 2010 alcanzó el 60,1 por ciento. En Alemania, la economía más fuerte de la Zona Euro, la deuda pública pasó también de un 67,6 por ciento del PIB en 2006 a un 83,2 por ciento en 2010. Y algo así ocurrió en el conjunto de la Unión Europea de los Veintisiete: la deuda pública se redujo un 0,01 por ciento entre los años 2000 y 2006, pero creció de forma espectacular, un 30,08 por ciento, entre 2006 y 2010.

Había una alternativa que hubiera impedido ese crecimiento de la deuda tan alto: la actuación correcta del Banco Central Europeo. Éste podría haber prestado el dinero directamente a los Estados o incluso haber emitido sus propios títulos de deuda pública mediante acuerdos bien organizados con los diferentes Gobiernos. Y si además estos últimos hubieran poseído una banca pública no habría sido difícil reconducir ese dinero hacia las empresas que lo requerían para poder seguir invirtiendo y creando empleo.

Sin embargo, el Banco Central Europeo prefirió dejar que fueran los Estados los que se endeudaran y, dado que no había banca pública, éstos tuvieron que permitir que la banca comercial se quedara el dinero sin poder controlar lo que hacían realmente con él. De hecho, y como hemos visto, lo usaron en su contra.

Todo esto significa efectivamente que las cosas se han hecho muy mal hasta ahora, pero todavía hay alternativas para resolver el problema de la financiación de la economía que los gobiernos y el Banco Central Europeo no han conseguido asegurar mediante sus políticas neoliberales de apoyo a la banca.

Las alternativas tienen que ver con las tres dimensiones implicadas en la financiación de la economía: la financiación bancaria, la financiación del Estado a la provisión de bienes y servicios públicos, y la financiación del déficit público y la deuda.

REFORMAR EL SISTEMA DE FINANCIACIÓN BANCARIA

La crisis nos ha demostrado que no podemos confiar en la banca privada y en el modo de funcionamiento actual del sistema financiero, desregulado, con plena libertad de movimiento de los capitales y sin apenas vigilancia. Es imprescindible reformarlo urgente y profundamente conforme a los siguientes principios y prioridades.

Garantizar la financiación

Los bancos y otras entidades financieras tienen la misión de proporcionar fondos para la inversión y el consumo, haciendo así que la economía prospere y se creen puestos de trabajo. Sin embargo, en los últimos treinta años los bancos comerciales se han desnaturalizado y, aunque han seguido recogiendo el ahorro igual que hacían antes, han dejado de financiar de forma eficiente y eficaz la actividad productiva. En lugar de ello han desplazado la mayor parte de ese ahorro a los procesos especulativos en los múltiples mercados financieros, posibilitando que una parte minoritaria de la sociedad se haya lucrado con actividades que en nada benefician a la economía en su conjunto y que, al contrario, la empujan hacia crisis como la actual.

Por tanto, la primera cuestión que hay que garantizar ejecutivamente es que los bancos financien la actividad económica, para lo cual se pueden imponer coeficientes o establecer medidas indirectas que los obliguen a cumplir con la función económica que justifica su existencia.

Reforzar la regulación y la vigilancia

Los reguladores han permitido durante estas últimas décadas que los bancos y las grandes empresas llevaran a cabo todo tipo de prácticas financieras que ponían en grave peligro a la economía. Ni el Fondo Monetario Internacional ni el Banco Central Europeo han impedido los procesos especulativos que nos han arrastrado a la crisis, y de hecho toleraron y hasta fomentaron el uso de instrumentos complejos de ingeniería financiera que ni siquiera los mismos reguladores comprendían. Además, los bancos han estafado y engañado con impunidad a muchos de sus clientes, haciéndoles pasar por contratos sin riesgos unos préstamos que incluían todo tipo de artimañas financieras que ponían en riesgo las finanzas personales de los ciudadanos pero que a la vez garantizaban suculentos beneficios a la banca. Un sinfín de despropósitos que han sido permitidos cuando era obvio que reflejaban una trayectoria errática, peligrosa, absurda e inmoral de la economía.

Por si fuera poco, y al contrario de lo que debería ser, las instituciones internacionales han recompensado a algunos de los directivos de esos bancos con puestos preferentes en sus instituciones. Así, el que fue vicepresidente de Goldman Sachs en la época en que este banco de inversión ayudó al gobierno griego a falsear su contabilidad es ahora el nuevo presidente del Banco Central Europeo, que es el organismo encargado de la política monetaria y el que debería velar por la estabilidad financiera. Y el gabinete de Obama está lleno de antiguos directivos de Wall Street.

Depurar responsabilidades

La depuración de las responsabilidades es una tarea inmediata, esencial e ineludible. Hemos explicado que las dificultades de las finanzas públicas se deben a la crisis financiera y, por tanto, es una barbaridad exigir que quienes no tuvieron responsabilidad en el origen de la crisis, que son las clases populares cuyos salarios reales cayeron durante los últimos diez años (como hemos visto en el capítulo VI), sean quienes paguen los platos rotos.

Y es a la vez inadmisible que los verdaderos responsables de la crisis y las instituciones internacionales y nacionales que la han permitido y fomentado no paguen en modo alguno por sus malas artes. Al contrario, y con la excepción de lo que sucede en Islandia, todos los banqueros, directivos y reguladores cuya acción u omisión generó la crisis están hoy recibiendo incluso remuneraciones salariales especiales y más altas.

Por eso es también prioritaria la creación de una comisión independiente, crítica y rigurosa que estudie y evalúe las responsabilidades financieras de la crisis. Hay que poner nombres y apellidos a todos aquellos que se beneficiaron de ella mientras ésta latía en la superficie y también mientras ésta arrasaba los puestos de trabajo y los derechos sociales de millones de personas.

Banca pública

En un ámbito nacional no se nos puede olvidar que la crisis se ha intensificado en España como resultado de la carencia de una verdadera banca pública. Paradójicamente el Estado está hoy día incluso privatizando y bancarizando las cajas de ahorros, que eran unos instrumentos pseudopúblicos que deberían haber sido el germen de una banca pública orientada hacia las necesidades reales de la economía y cuyo problema ha sido, precisamente, que han actuado como bancos privados y no siguiendo criterios de servicio público.

Por eso la solución no puede ser la que se le está dando: privatizar las bancas para ponerlas un poco más tarde en manos del capital bancario. Hacer que el capital popular acumulado por las cajas de ahorros en tantos años pase a la banca privada es un expolio gigantesco que además va a dificultar todavía más la recuperación económica.

Las autoridades dijeron que tuvieron que poner billones de euros para salvar a bancos irresponsables que habían provocado la crisis porque eran "demasiado grandes para caer". Y ahora lo que están haciendo al darles ese dinero y al ponerles a las cajas en bandeja es precisamente hacerlos más grandes todavía y provocar así que la próxima crisis sea aún más dura y peligrosa.

Nuestra propuesta es nacionalizar las cajas de ahorros, pero no para que sigan haciendo el mismo tipo de negocio de los bancos privados irresponsables, sino para que de verdad lleven a cabo una práctica financiera vinculada al desarrollo regional y local, al servicio de los emprendedores y, en general, de todas las personas y empresas que necesitan financiación ágil, barata y segura para crear riqueza y no para especular. No cabe ninguna duda de que sin una banca pública el Estado será incapaz de recomponer la economía española, pues carecerá de un instrumento esencial para reorientar el modelo productivo. Si la financiación no viene, como hemos visto en estos tres últimos años, de la banca privada, la única manera de poner de nuevo en marcha la economía es disponiendo de banca pública.

Y lo intolerable es que esas mismas entidades españolas que no han financiado de forma adecuada la economía productiva han obtenido, sin embargo, ingentes beneficios antes y después de la crisis. Beneficios que no se han canalizado ni a la economía (en forma de préstamos) ni al Estado (por la reducción impositiva de las últimas décadas), sino que en su lugar se han destinado más de la mitad a los accionistas privados (un 65 por ciento en 2009) y el resto a hacer inversiones para ampliar el negocio dentro y, sobre todo, fuera de España.

En consecuencia creemos que se debe plantear la nacionalización de las entidades que actúan así, sin cumplir la tarea para la que se supone que reciben el dinero de sus clientes. De esa forma se garantizaría el flujo de financiación a la economía además de incrementar los ingresos del Estado.

Controlar la creación de dinero bancario a través de la deuda

Hay que tener en cuenta que la base de los problemas que ha creado la banca privada se encuentra en el privilegio que tiene de crear dinero bancario cuando concede préstamos.[2] Eso lleva a que la banca haga todo lo que esté en su mano por aumentar la deuda (entre otras cosas, propiciando políticas que reduzcan los ingresos de los sujetos económicos para que se vean obligados a endeudarse) y así desestabiliza la economía. Por tanto, hay que avanzar ya hacia un sistema bancario que elimine ese privilegio y que no se base en la creación del dinero a través de la deuda.

2. Veamos un ejemplo que muestra cómo los bancos crean dinero a medida que utilizan una parte de los depósitos de sus clientes para conceder créditos.

Supongamos que una persona llamada Harry es la única que tiene dinero: cinco billetes de 20 euros. La cantidad de dinero que hay en la economía es, por tanto, de 100 euros. Supongamos ahora que Potter le pide prestados 40 euros y que se los presta. Después del préstamo la cantidad de dinero que hay en la economía sigue siendo 100 euros aunque ahora 60 euros estén en manos de Harry y 40 euros en las de Potter.

Pero supongamos ahora que Perico, una tercera persona, crea un banco y convence a Harry para que deposite sus 100 euros a cambio de un generoso interés del 5 por ciento anual. Enseguida Perico pensará que no es probable que Harry quiera disponer de inmediato de todo su dinero, de modo que decidirá dejar una parte en su caja (supongamos que 60 euros) por si Harry en efecto le solicita retirar alguna cantidad, y prestar el resto a Potter.

Lo que ocurre cuando el banco presta entonces 40 euros a Potter suele parecer milagroso a quienes lo oyen por primera vez. Por un lado Perico le dará los 40 euros a un interés mayor, de modo que ya así obtendrá una suculenta retribución. Pero eso no es todo. Lo que parecerá un milagro es que cuando Perico presta los 40 euros hace que en la economía haya más dinero. Exactamente 40 euros más, es decir, el importe de la deuda de Potter con el banco. Veamos: Harry sigue teniendo sus 100 euros. De hecho, puede hacer pagos con sus cheques por ese valor. Y, por su parte, cuando Potter ha recibido el préstamo tiene 40 euros en su bolsillo.

En total, pues, ahora hay 140 euros en la economía. Perico no ha creado dinero legal, puesto que la cantidad de dinero en billetes no ha cambiado (sigue habiendo 100 euros en billetes: 40 en el bolsillo de Potter y 60 en la caja del banco de Perico). Pero sí ha creado medios de pago denominados "dinero bancario".

Modificar la función de los bancos centrales

Para que todo lo anterior sea posible es fundamental que el Banco Central Europeo cambie su política de manera radical.

No se puede permitir que una institución encargada de la regulación haya hecho la vista gorda ante las prácticas y el uso y abuso de productos financieros que amenazan a medio plazo la economía mundial o que sea indiferente ante la falta de financiación de la economía cuando está dando dinero al 15 por ciento a la banca privada, casi regalado, para que la financie.

Hay que acabar con el estatuto de independencia del Banco Central Europeo, someterlo a los poderes representativos y vincular su función a la consecución del pleno empleo y la satisfacción plena e integral de las necesidades humanas. Y tiene que pasar a actuar con transparencia y ser gobernado con pluralidad y representando los distintos intereses sociales y no ser gobernado por ideólogos neoliberales al servicio de los grupos financieros más poderosos, como ahora sucede.

Banca ética

Tal y como hemos apuntado antes, la banca debe estar subordinada a la economía productiva, pero además tiene que tener un carácter ético y social. Al fin y al cabo no es ni mucho menos lo mismo financiar la construcción de los trenes de alta velocidad que financiar a los pequeños productores o proyectos de energía renovable. El papel de la banca tiene que estar basado en los deseos sociales sobre qué y cómo se quiere producir. Por eso es fundamental que se elabore una ley de ética bancaria y financiera que imponga transparencia y que asegure el buen uso de los fondos, que impida que los bancos sean instrumentos del fraude y la evasión fiscal.

Descentralizar el sistema bancario y monetario

Por otro lado hay que tener también en cuenta que la financiación de la economía se mueve a muy diferentes niveles: no es lo mismo financiar una infraestructura gigantesca que a pequeños empresarios o a mujeres emprendedoras que quieren abrir un pequeño negocio, ni se necesita el mismo tipo de banco para una cosa u otra. Un banco global seguramente sea mucho más ineficiente para financiar a la economía local y personal que otro de pequeña dimensión pegado al terreno. Como también hay que tener en cuenta que cada sector o actividad tiene sus peculiaridades (agricultura, vivienda, mujeres...) y que un banco generalista las atiende peor que otro especializado. Y, por supuesto, hay que pensar que muchas necesidades de financiación de pequeña escala ni siquiera necesitan bancos en sentido estricto, sino que se pueden satisfacer mediante cooperativas de crédito o mediante la puesta en común solidaria del pequeño ahorro de compañeros o conciudadanos en empresas, asociaciones, colegios, etcétera.

Por eso se debe promover la segmentación de la actividad bancaria, rompiendo el oligopolio ineficiente y muy contrario a los intereses de las personas dominantes que sólo beneficia a los grandes propietarios.

Conviene fomentar instrumentos innovadores de financiación ética y solidaria como una forma alternativa a la banca comercial que permite que las personas sean conscientes de que sus ahorros no se están utilizando para especular contra los bienes públicos o para apoyar la industria del armamento, por ejemplo.

Concretamente, hay que ir creando las condiciones para que el ahorro personal pueda servir de motor de actividades económicas a pequeña escala sin necesitar de la intermediación de instituciones bancarias, utilizando para ello las redes sociales y los grupos de trabajo, los espacios vecinales, etcétera. La microfinanciación tan necesaria para satisfacer necesidades de dinero inmediatas y a veces muy decisivas para la vida de muchas personas puede organizarse a través de pequeñas y descentralizadas redes de financiación alternativa que fortalecen los lazos entre las personas y refuerzan la vida social.

Una nueva concepción de las finanzas personales puede contribuir a mejorar la economía en su conjunto si todos formamos parte de ese proceso. Y en ese sentido se debe empezar a experimentar ya con el uso de monedas locales, vinculadas a las actividades que tienen que ver con las dimensiones más microscópicas de la vida económica, con los intercambios no mercantiles o basados en relaciones ajenas a los mercados convencionales.

LA FINANCIACIÓN DEL SECTOR PÚBLICO

Como hemos dicho, una parte fundamental de la financiación que necesita la economía es la que se dirige al Estado y es muy importante que sea eficiente, suficiente y sostenible.

Como sabemos, cuando los ingresos del Estado han caído mientras que los gastos han aumentado los economistas neoliberales han propuesto una rebaja del gasto público. Y los gobiernos, a través de la aplicación de los planes de ajuste, están haciendo caso a esas recomendaciones.

Insuficiencia de gastos e ingresos

Sin embargo, ésa es una *solución* muy dañina para los intereses sociales, muy negativa para la economía y que además se basa en una lectura muy cínica del equilibrio entre ingresos y gastos, puesto que sólo se fija en estos últimos sin tener en cuenta el nivel de ingresos.

El cinismo de este tipo de propuestas se comprueba teniendo en cuenta que el PIB per cápita en España es ya el 94 por ciento del PIB per cápita promedio de la UE-15. Y que, sin embargo, el gasto público social per cápita es sólo el 74 por ciento del gasto público social per cápita promedio de la UE-15 y que los ingresos del Estado español representan una cantidad equivalente al 34 por ciento del PIB, que es el porcentaje más bajo de la UE-15, cuyo promedio es del 44 por ciento.

Es decir, que lo nos equipara con nuestros socios europeos, lo que se supone que debemos hacer, es aumentar el gasto y también los ingresos, no disminuir ambos.

Nosotros creemos que el "santo temor al déficit", una idea muy de moda en la época liberal que defendía el Nobel Echegaray y que los neoliberales han resucitado (aunque luego no la respetan cuando gobiernan si no les conviene), no está siempre justificado. Hay inversiones que tienen un necesario horizonte a largo plazo y que lo lógico es que se financien con deuda, y siempre se puede mantener un nivel sostenible de esta última que facilite la dotación del capital social que es imprescindible para que cualquier economía funcione con eficiencia.

Pero lo que nos interesa resaltar aquí es que si fuera obligado equilibrar las cuentas de nuestro sector público, o reducir ahora su déficit, se podría conseguir no sólo recortando gastos esenciales, como proponen los neoliberales para evitar que las clases de renta alta tengan que contribuir al sostén del Estado con impuestos, sino aumentando los ingresos como resultado, por un lado, de un incremento en la actividad económica, que dependerá precisamente de la aplicación de medidas inversas a los planes de ajuste que se llevan a cabo, y, por otro, de la reestructuración de las fuentes de ingresos impositivos.

La primera opción es obvia. Los planes de ajuste están intentando reducir el gasto público, pero éste es un estimulante del crecimiento económico y del empleo (como se pudo comprobar cuando se aplicaron los llamados planes de estímulo al comienzo de la crisis), de modo que su reducción provocará de forma inevitable un descenso en la actividad económica. Y ese descenso necesariamente desembocará en menores ingresos para el Estado, con lo cual a la vez que se estará gastando menos también se estará ingresando menos y, en definitiva, la relación ingresos/gastos se mantendrá idéntica. Por esta misma razón premios Nobel de Economía como Joseph Stiglitz o Paul Krugman se oponen a los planes de austeridad, indicando que dirigen las economías hacia el desastre.

La segunda opción (aumentar la recaudación impositiva) no está muy bien vista en general, pero se debe a la insistencia con que se difunde la idea de que los impuestos son malos y que a todos nos conviene que bajen.

Cuando se difunde ese discurso se ocultan dos hechos fundamentales.

El primero, que la recaudación del Estado se consigue mediante los impuestos, pero que no todo el mundo paga los mismos impuestos.

En España, por ejemplo, tenemos un sistema justo y progresivo en teoría, pero sólo en teoría porque en la práctica, como ya hemos avanzado antes, la mayoría de los ingresos provienen de la imposición sobre el trabajo y no sobre las rentas del capital, y en particular sobre los asalariados que sólo tienen su sueldo como única fuente de ingresos.

La segunda cuestión que ocultan es que, cuando se hacen reformas fiscales que se presentan como menos impuestos para todos, en realidad sólo suponen rebajas impositivas, como se ha demostrado que ocurrió en España con las últimas que se han llevado a cabo, para las rentas más elevadas y del capital, y especialmente las de origen inmobiliario.

Justicia fiscal

Nosotros abogamos por una reestructuración que suponga un incremento de los impuestos directos, es decir, que afecte fundamentalmente a las clases más adineradas.

Con esos ingresos impositivos el Estado financia los servicios públicos que proporciona a los ciudadanos, así que si el sistema español funcionara bien podría decirse que los ricos financian en mayor parte el Estado del Bienestar. Pero por desgracia y como puede intuirse el sistema no funciona como debería, y además los gobiernos no hacen nada por resolverlo.

Hay dos fallas enormes que permiten que al final, en la práctica, el sistema impositivo opere al revés de como está previsto y que sean en realidad las clases populares las que financien el Estado del Bienestar en su mayor parte.

La primera falla es la economía sumergida, que son todas aquellas actividades económicas que deberían declararse (y por tanto pagar impuestos) y que no lo hacen. El Sindicato de Técnicos del Ministerio de Hacienda calcula que este tipo de actividades representa en torno al 23 por ciento del PIB,[3] es decir, unos 245.000 millones de euros.

En su opinión la aplicación de medidas adecuadas para atajar la economía sumergida permitiría aumentar la recaudación en 38.500 millones de euros anuales, lo que a su vez contribuiría a recortar el déficit del conjunto de las administraciones en torno a un 40 por ciento.

Pero la segunda y más importante falla es el fraude fiscal y el uso de instrumentos financieros (como los fondos de inversión tipo SICAV y otros que operan en paraísos fiscales) que permiten que las grandes fortunas declaren tener mucho menos de lo que en realidad tienen y que, por tanto, paguen menos impuestos. Las grandes fortunas y las grandes empresas desvían sus fondos a paraísos fiscales o mantienen sus posesiones (casas, coches, empresas, etcétera) a nombre de fondos de inversión inscritos también en paraísos fiscales o en países con menores tasas impositivas.[4]

Además, con la excusa de que de esa forma se promovía el crecimiento económico (lo que se ha demostrado que era falso), los sucesivos gobiernos han ido reduciendo de forma sistemática los impuestos directos e incrementando ligeramente los indirectos, de manera que el Estado tiene cada vez menos recursos para pagar los servicios públicos y resta progresividad al sistema. La reducción de impuestos ha sido, tal y como ha

3. *Cinco Días*, 15-XII-2010, "La economía sumergida se mantiene en el 20 por ciento" (http://www.cincodias.com/articulo/economia/economia-sumergi-da-mantiene/20101215cdscdieco_7/).

4. J. H. Vigueras, *Los paraísos fiscales*, Akal, Madrid, 2000.

señalado el Fondo Monetario Internacional, responsable del 40 por ciento del déficit estructural existente en España y en la mayoría de los países de la OCDE que siguieron semejantes políticas. Si se recuperaran los tipos existentes antes de las reformas regresivas fiscales, pasando de un 43 a un 45 por ciento para las rentas superiores a 60.000 euros, y se añadiera un nuevo tramo para los que ingresan más de 120.000 euros, con un tipo del 50 por ciento, el Estado ingresaría 2.500 millones de euros más a las arcas, lo que afecta únicamente al 3,98 por ciento de los ciudadanos. A esta cantidad podría añadirse la recuperación del Impuesto sobre el Patrimonio y con tal medida el Estado podría ingresar 2.120 millones de euros. Si por otra parte se recuperara el tramo que pagaban las grandes empresas en su Impuesto de Sociedades, pasando del 30 al 35 por ciento, el Estado recuperaría 5.300 millones de euros (lo que afecta sólo al 0,12 por ciento del total de las empresas). Sumado esto a lo anterior, podemos decir que en España se impuso una trayectoria lenta pero constante de regresión social.

Ésa es la razón de que el Estado no disponga de ingresos suficientes y, por tanto, lo que debe hacer es subir los impuestos a las clases más adineradas y a las empresas cuyos beneficios no están volviendo a la economía productiva, pero también debe concentrar su actividad en perseguir el fraude fiscal y la economía sumergida. Todo eso permitirá reflotar dinero que nunca debería haber dejado de entrar. Además hay que recuperar impuestos como el del Patrimonio, así como imponer otros impuestos como el de las Transacciones Financieras, destinado a evitar la especulación financiera.

La financiación del déficit y la deuda pública

Antes comentamos que cuando un Estado necesita financiarse para pagar el desfase entre gastos e ingresos recurre al mercado de deuda pública. Allí los inversores (bancos, grandes fortunas, etcétera) prestan dinero a un determinado tipo de interés que a su vez y en un sentido general depende de la confianza que se tenga en la economía. Por ejemplo, si se desconfía de la devolución de los préstamos por parte del Estado, los inversores exigirán mucho más dinero en pago de intereses.

Cuando la crisis comenzó y los Estados tuvieron que endeudarse, muchos inversores, muy cualificados y con muchos medios a su alcance, aprovecharon la situación para especular y hacer grandes negocios en este mercado.

Terrorismo financiero

Como tiburones, los especuladores acuden cuando huelen sangre, y la herida de Grecia tras el reconocimiento de que había falseado las cuentas públicas dejaba entrever grandes posibilidades de beneficio que podían ser explotadas. La similitud entre las situaciones económicas de los países periféricos europeos hizo que otros países como Portugal o España sufrieran también el ataque de fondos de inversión y bancos que buscaban aprovechar la coyuntura. Eso conllevó un incremento de la desconfianza en los Estados, bastante injustificada (como en el caso de España que en realidad nunca ha estado en una situación que objetivamente haya supuesto riesgo de impago) porque era el resultado de rumores que los propios especuladores lanzaban para lograr subir los tipos pero que terminaba por incrementar el coste de la deuda para el Estado. Cada vez que éste acudía a endeudarse tenía que pagar más y más en concepto de intereses. Mientras que la contrapartida era que quienes prestaban al Estado cada vez recibían más y más, y además podían incluso vender los títulos de deuda pública –que le daban derecho a cobrar del Estado– y seguir especulando en un proceso sin fin.

El ejemplo más evidente es el ya comentado de los grandes bancos europeos, que recibiendo préstamos baratos del Banco Central Europeo (BCE) utilizaron ese dinero para prestar a los diferentes Estados europeos y no para proporcionar fondos a la economía real. Y que, además de ello, después de todo se han atrevido a reclamar reformas profundas en las economías nacionales con el único propósito de aumentar el poder y los privilegios de la banca y las grandes empresas.

Sin embargo, como hemos advertido, las reformas actuales no conseguirán más que debilitar la actividad económica y, con ello, los ingresos del Estado. La consecuencia final será la necesidad de endeudarse una y otra vez, en un círculo vicioso que no terminará hasta que se decida no pagar la deuda. Los bancos evidentemente lo saben y por eso exigen a la Unión Europea que rescate a los Estados, porque en realidad esos rescates sólo benefician a los propios bancos que en caso de quiebra o de denuncia de la deuda no cobrarían sus préstamos. Y los rescates no son más que una transferencia de dinero público (proporcionado por la Unión Europea) a manos privadas (a los bancos que tienen deuda pública), a costa además de graves recortes sociales.

El caso de Irlanda

Durante muchos años el *ejemplo* irlandés estuvo de moda y se ponía constantemente a los demás países: la política de bajos impuestos sobre el capital (casi la mitad de la media europea), la amplia liberalización de la actividad económica y las privatizaciones, la moderación salarial y las grandes facilidades a los capitales para que pudieran actuar a su antojo se consideraban la clave de su éxito y lo que debería hacer cualquier otra economía que quisiera ser tan próspera y dinámica como el "tigre celta" de entonces. Claro que se estaba hablando de un éxito que sólo se medía por el incremento vertiginoso del PIB pero no por la disminución de las desigualdades o de la brecha de los estándares de bienestar del país respecto a la media europea.

Los gobiernos conservadores facilitaban la actividad de los bancos que se dispusieron a crear deuda y a financiar la actividad especulativa sin freno sin que ni a uno ni a otro preocupara la generación de burbujas inmobiliarias o la escasa base real del crecimiento que se generaba.

En realidad lo que estaba haciendo Irlanda no era otra cosa que aplicar como un alumno aventajado las políticas de ajuste estructural que el Fondo Monetario Internacional había propuesto desde hacía años para favorecer el incremento de las rentas del capital. Y por eso el Fondo aplaudía lo que se estaba haciendo allí al afirmar que sus políticas económicas ofrecían lecciones útiles a otros países.

Por eso no fue ni mucho menos una casualidad que el alumno europeo que las aplicó con mayor fidelidad fuera precisamente el primero que entró en recesión en 2008, cuando se desencadenó la crisis de las hipotecas basura. Como tampoco es casual que la economía que primero aplicó los planes de austeridad como respuesta frente a la crisis fuera la que primero sufrió los latigazos que producen las medidas neoliberales.

En realidad Irlanda es actualmente una especie de laboratorio que permite comprobar el efecto de las políticas neoliberales de austeridad que impone el fundamentalismo dominante desde hace años en Europa.

Aunque ahora muy pocos lo recuerdan, Irlanda aprobó antes que nadie el gran programa de austeridad y recortes que proponen los economistas liberales para *salir* de la crisis: reducción de hasta el 20 por ciento en los sueldos de los funcionarios y un 10 por ciento en las prestaciones sociales, además de hacer lo mismo en un buen número de programas de gasto público y social. Aunque, eso sí, poniendo al mismo tiempo a disposición de bancos quebrados docenas de miles de millones de euros que pusieron por las nubes el déficit y la deuda del Estado.

Cuando tomó estas medidas, de nuevo el caso irlandés fue puesto como un ejemplo para los demás. Los medios de comunicación neoliberales, la Comisión Europea y por supuesto una vez más el Fondo Monetario Internacional alabaron su política de austeridad y recortes frente a la crisis.

Este último organismo, haciendo otra vez gala de su desvergonzada forma de hacer pronósticos económicos, afirmó, para poder aplaudirlas así con aparente fundamento, que gracias a la aplicación de estas medidas la economía irlandesa crecería un 1 por ciento en 2009. Sin embargo, su efecto real fue otro, como los economistas críticos habíamos pronosticado que iba a ocurrir allí o en otros países en donde se aplicaran: en 2009 el PIB de la economía irlandesa, lejos de aumentar, bajó un 11 por ciento.

Con esa caída estrepitosa, con una reducción de la inversión del 30 por ciento y de más del 7 por ciento del consumo, la economía no pudo generar recursos suficientes, fue más difícil recaudar ingresos para hacer frente a la deuda y ésta siguió subiendo, lo que hacía, para colmo, que los mercados la castigaran subiendo los tipos a los que puede colocarse.

A eso se añade que al haber dejado sin llevar a cabo una verdadera reforma financiera la situación patrimonial de los bancos siguió agravándose y les acabó haciendo falta una nueva dosis de generosa inyección de liquidez para sacarlos a flote poniendo a su disposición (bajo la idea de que se rescataba a Irlanda) otros 80.000 millones de euros más sólo para ellos.

Equívocos sobre la deuda

Todo lo que acabamos de señalar pone de manifiesto que cuando se habla del gran problema de deuda que se ha creado en Europa se cae en demasiados equívocos que hay que desvelar y rechazar.

Así, es sospechoso que casi siempre que se subrayan su naturaleza indeseable y sus graves consecuencias se haga mención a la pública pero no a la privada.

Por otro lado, cuando se habla en general de deuda no se suelen contemplar con rigor sus causas. Lo normal es recurrir a frases manidas pero que a fuerza de repetirse calan en la opinión de la gente como si fueran verdades indiscutibles: la deuda privada es consecuencia de que vivimos por encima de nuestras posibilidades y la pública, el resultado de que los gobernantes son unos manirrotos cuando utilizan el dinero de los demás. Por eso, cuando esta última ha crecido, enseguida se obliga a reducir el gasto público y se difunde la idea de que es debida a un despilfarro maligno de los gobiernos que debe evitarse cuanto antes.

Otra constante del planteamiento convencional del problema de la deuda es que a la hora de hacerle frente no se suele poner sobre la mesa, como acabamos de comentar, la necesidad de aumentar los ingresos sino que casi siempre queda en primer plano la reducción del gasto para disminuirla o ir eliminándola.

Pero lo que sin duda parece más sospechoso es que al hacer referencia a la deuda prácticamente nunca se mencione lo que es en realidad: un negocio de la banca.

Se nos quiere presentar siempre la deuda (y sobre todo la pública porque además eso permite combatir al Estado y a la política) como una especie de patología perversa que hay que erradicar pero nunca se pone de relieve y en primer plano que gracias a la deuda los bancos obtienen un beneficio privilegiado, no sólo por su cuantía sino también, y quizá sobre todo, por el poder inmenso que les da sobre el resto de la sociedad. Como hemos señalado anteriormente, cada vez que se concede un crédito los bancos obtienen beneficio y más poder, y en consecuencia, lo mismo que un productor de sillas trata siempre de vender el mayor número de ellas, los bancos procuran que el volumen de deuda sea el más elevado posible en la economía porque en él le va su ganancia, su extraordinaria influencia política y el inmenso poder que obtienen al crearla.

El origen real de la deuda

Lo que está ocurriendo hoy día en Europa es que las corrientes de opinión neoliberales han logrado hacer creer a la población que la explosión de la deuda es culpa de los gobiernos y que, por tanto, éstos deben asumir su financiación haciéndola descansar sobre las espaldas de la población en general. Y de ahí deducen que la deuda se debe combatir, por tanto, mediante políticas de austeridad, recortando gastos sociales en educación, sanidad, políticas familiares o en pensiones públicas y, en general, reduciendo la presencia del sector público en la vida económica. Lo que, casualmente, trae como consecuencia que se abra de par en par un nuevo y floreciente yacimiento de negocio privado para sustituir la oferta que antes realizaba el sector público, aunque ahora para ofrecerla a precio más elevado y, por tanto, al alcance de una menor parte de la sociedad.

La ocultación de las verdaderas causas que han originado la deuda y su utilización para combatir las políticas de bienestar, que para financiarse necesitan la contribución de los sectores de renta más elevada pero que están cada vez menos dispuestos a darla, ha alcanzando hoy día el paroxismo y tiene en algunos casos, como los recientes de Grecia, Irlanda o Portugal además de otros en el Este de Europa, tintes verdaderamente dramáticos.

El caso de Grecia es paradigmático. Los poderes europeos e internacionales le imponen severos programas de ajuste que reducen y deterioran de forma drástica los ingresos y las condiciones de vida de la población de menor ingreso para hacer frente a la deuda acumulada, pero lo hacen sin tener en cuenta su origen: la venalidad criminal de los coroneles dictadores que hicieron subir la deuda cuando gobernaron, la corrupción con que se organizaron los Juegos Olímpicos (inicialmente presupuestados en 1.500 millones de dólares pero que terminaron costando unos 20.000 millones debido a las ganancias extraordinarias y corruptas de las grandes empresas), los créditos multimillonarios vinculados a la compra de armamento a Francia y Alemania o las políticas que los bancos europeos impusieron en la última década para facilitar la constante inyección de crédito a la banca, a las empresas y a las familias griegas precisamente porque ése es, como hemos señalado, el negocio de la banca: multiplicar sin freno la deuda prestando dinero.

Y en particular los grandes poderes europeos no están teniendo en cuenta que fueron las políticas impuestas en los últimos años para incrementar el beneficio del capital en detrimento de los salarios y de las rentas del sector público las que han provocado una pérdida continuada de ingresos que ha obligado a recurrir constantemente al endeudamiento.

Ésa y no otra ha sido la razón por la que los bancos y las grandes empresas han defendido las políticas neoliberales de los últimos años: los bancos porque al disminuir con ellas el poder adquisitivo aumentaban la demanda de créditos, y las grandes empresas porque con menos salario y con menos empleo no sólo obtenían más beneficio sino también más poder de negociación frente a trabajadores siempre amenazados por el paro y agobiados por la carga de la deuda.

Auditar la deuda

Los gobernantes y los responsables europeos de las políticas de austeridad que están imponiendo a la población para combatir la deuda, según dicen ellos para justificarlas, no se están haciendo una pregunta fundamental que habría que hacerse siempre que se aborda un problema de deuda: ¿quién se ha lucrado con ella? Y, si se han lucrado unos, ¿por qué tienen que pagarla luego otros?

La deuda de esta última naturaleza, la que se hubiera obligado a contraer a unos para que sean otros los que se beneficien de ella, es una deuda inmoral, ilegítima u odiosa y, por tanto, que puede ser rechazada por aquellos a quienes se impone cargar injustamente con su financiación, en este caso la población europea.[5]

Por eso una demanda de justicia elemental que proponemos es que se audite la deuda española de un modo independiente y veraz para determinar su origen y sus verdaderos beneficiarios. Tanto la privada que se generó gracias a las políticas neo-

5. La idea de deuda odiosa ilegítima proviene del principio según el cual la población no tiene por qué hacerse cargo de la deuda contraída por la fuerza y contra su voluntad por dictaduras. Podría argumentarse del mismo modo cuando es el resultado de acciones fraudulentas en los mercados, resultantes de un poder desmesurado de los financieros respecto a los gobiernos o consecuencia de acciones encaminadas a alterar el precio de las cosas al margen de la buena fe o de los usos habituales en los mercados.

liberales fiscales y monetarias de los últimos años, como la pública que más recientemente se ha producido para hacer frente a la crisis o como consecuencia de la especulación criminal que se ha desarrollado, durante mucho tiempo ante la pasividad de nuestros gobernantes, contra las emisiones de deuda de varios Estados. Y, por supuesto, esa demanda debe ir acompañada de la exigencia del derecho correlativo a repudiar la deuda que sólo ha beneficiado a la banca, a las grandes empresas y a los especuladores internacionales.

Es de todo punto injustificable que la clase política dominante permanezca indiferente ante un crecimiento de la deuda debido, en gran parte, a la manipulación artificial de su precio por parte de los especuladores (muchos de ellos, bancos, que lo hacen con dinero público). Es imprescindible realizar esa auditoría y a partir de ella determinar si se reestructura la deuda o si se deja de pagar.

La reestructuración supondría diferenciar los diversos contratos de deuda asumidos por el Estado y modificarlos en plazo, en cantidad o incluso, ya sí, cancelarlos parcial o totalmente.

La reestructuración dirigida por los deudores, el Estado, supone la realización de una auditoría previa de la totalidad de la deuda controlada por los ciudadanos. Se trata de estudiar qué parte de la deuda es ilegal, inmoral o directamente insostenible. Por ejemplo, puede declararse inmoral cualquier contrato de deuda suscrito por bancos rescatados con dinero público o incluso los de aquellos bancos que han comprado deuda pública con dinero barato prestado por el Banco Central Europeo. En ese caso puede reestructurarse en plazos, en cuantía o sencillamente declarar que no se pagará nunca. Todo con el objetivo de reducir la carga de la deuda.

Por supuesto este proceso tiene costes políticos y económicos importantes. Los mercados financieros (los acreedores) actuarían conjuntamente para atacar y especular con el país en cuestión. También habrá radicales reticencias a nivel institucional por parte de la Unión Europea y el Banco Central Europeo, amén de los bancos nacionales. Por eso sería recomendable que la reestructuración de la deuda formara parte de un plan más amplio y que además estuviera coordinado por, al menos, los países que más lo necesitan. Y estos países son los de la periferia, como Portugal, Grecia o España. Si bien lo deseable sería realizar una auditoría a nivel europeo. Además, y como veremos en el capítulo siguiente, es necesario acompañar todas esas propuestas con una reestructuración completa del sistema financiero europeo y mundial para evitar que la especulación contra el mercado de deuda pública pueda ser posible.

Pero la experiencia ya acumulada nos permite saber que se puede ejercer ese derecho de forma ordenada y sin que eso provoque daños mayores que los que se pueden evitar, como dirían para oponerse al repudio de la deuda quienes durante todo este tiempo anterior han trabajado para los grandes beneficiarios de la deuda. Todo lo contrario, sólo así se le podrá dar aliento y sostenibilidad a la actividad económica que de verdad satisface las necesidades sociales.

Los costes de las actuales estrategias europea y española frente a la deuda

Una investigación reciente de Mark Weisbrot y Juan Montecino, de Center for Economic and Policy Research, CEPR, de Washington, demostró que pueden darse escenarios muy realistas bajo los cuales las políticas de austeridad que está llevando a cabo el gobierno español por imposición europea darán niveles más altos de endeudamiento en comparación con lo que sucedería si se continúa con un estímulo fiscal moderado como el que estamos proponiendo.[6]

El informe indica que los problemas presupuestarios de España así como el desempleo y la débil recuperación de su economía son el resultado de lo que ya hemos mencionado nosotros: el colapso de la demanda privada. En consecuencia la

6. La propuesta está en Mark Weisbrot y Juan Montecino, *Alternativas a la austeridad fiscal en España*, Center for Economic and Policy Research, Washington, 2010 (www.cepr.ne).

política más eficiente según esos autores sería que el sector público compensara la falta de demanda privada hasta que la inversión privada y el consumo, y posiblemente las exportaciones netas, puedan sostener un crecimiento normal. Mientras que, por el contrario, recortar el gasto público e incrementar los impuestos bajo estas circunstancias son acciones pro cíclicas (llamadas así porque refuerzan el colapso de la demanda y, por tanto, agudizan lo malo de la situación en la que estamos) y lo que cabe esperar de ellas es que debiliten la recuperación o incluso que vuelvan a llevar a la economía a un estado de recesión.

Teniendo en cuenta que el volumen de nuestra deuda no es muy grande, la solución que proponen sería mantener el gasto deficitario en los niveles actuales o posiblemente incrementar dicho gasto para así estimular la economía y que el Banco Central Europeo comprara una porción de la nueva deuda emitida por el gobierno español, y se comprometería a reembolsar el interés sobre dicha deuda al gobierno español, como ha sucedido en el caso de la Reserva Federal de Estados Unidos y el Banco de Japón.

De esa manera, si el Banco Central Europeo adquiriera la deuda del país por un monto equivalente al 4 por ciento del PIB de España, al año, durante los próximos dos años, y el gobierno no aumenta los impuestos o recorta el gasto durante este periodo, se produciría un aumento en la carga de endeudamiento bruto, pero no del endeudamiento neto, que permitiría un estímulo fiscal de casi el 4 por ciento del PIB (más de 40.000 millones de euros) durante dos años sin tener que recortar el gasto y manteniendo los incrementos impositivos planeados. Y así la relación de la deuda con el PIB no aumentaría demasiado.[7]

Además con esta estrategia de estímulo que venimos defendiendo, no sólo se evitaría que haya más deuda en el futuro (lo que sólo vendrá bien a los bancos que la financien, no lo olvi-

---

7. La deuda bruta se refiere a los compromisos de pago que tiene el Estado frente al exterior. La deuda neta tiene también en cuenta los compromisos del exterior con ese Estado.

demos), sino también los costos sociales y económicos ocasionados por la pérdida de producción y un prolongado periodo de alto desempleo que afronta España en la actualidad.

VIII

Otra Europa, otro mundo

En los capítulos anteriores hemos mostrado que existen alternativas a las políticas neoliberales que se vienen aplicando en España en los últimos años y, por tanto, que no es verdad que sólo haya un único camino por el que de forma inexorable deba discurrir la vida económica. Nos hemos referido hasta ahora principalmente a lo que se puede y se debe hacer en nuestro país para lograr mejores resultados que los que vienen dando las políticas que defienden los neoliberales, pero somos conscientes, como hoy día casi todo el mundo, de que España forma parte de un entramado institucional y político más amplio, de la Unión Europea y de la Zona Euro, y que eso lógicamente impone plantear nuestros problemas en ese diferente y obligado campo de juego.

En primer lugar España es miembro de la Unión Europea y eso significa que está sometida al dictado de las políticas comunes, lo que a su vez implica que las grandes medidas de tipo económico que la afectan son el resultado de consensos previos o de imposiciones de unos países sobre otros, que no siempre son favorables para el conjunto. La estructura económica de los distintos miembros de la Unión Europea es muy diferente y sus intereses en muchos casos son incluso antagónicos, lo que hace que las políticas que convienen a determinados grupos sociales de unos países resulten claramente perjudiciales para otros. Y si bien los mecanismos de compensación pueden mitigar a veces los efectos dañinos que conlleva aplicar determinadas políticas, no siempre se acaba por resolver este conflicto, que es uno de los grandes problemas de fondo de la Unión.

En segundo lugar España también pertenece a la Zona Euro y su política monetaria está delegada en el Banco Central Europeo. De esa forma, cuando a España le ha interesado devaluar su moneda, para hacerla más competitiva, no ha podido hacerlo. Y esta imposibilidad ha perjudicado seriamente la posición exterior de nuestra economía, haciendo más insostenible aún nuestro déficit comercial.

Este problema se agrava al no estar el Banco Central Europeo sujeto a control democrático y no tener que rendir cuentas ante el Parlamento europeo, y únicamente estar guiado por una concepción muy ideologizada de la economía que antepone objetivos nominales y muy favorables al interés privado del capital financiero a los del conjunto de la sociedad. Y sus decisiones acaban teniendo más que ver con el poder político que se encuentra detrás de una institución como el Banco Central Europeo que con criterios de solidaridad para favorecer al conjunto de las economías que forman parte de la Unión.

Todo eso significa que cuando hablemos de la economía española tengamos que tener presente lo que ocurre en Europa y que al igual que hemos de procurar crear en nuestro interior las condiciones adecuadas para el empleo y el bienestar también hemos de hacerlo en el espacio europeo en su conjunto porque también allí hay alternativas para lo que se nos viene presentando como una idea exclusivista de Europa.

Por otro lado también sabemos todos que la economía y la sociedad de casi todas las naciones se encuentran hoy día muy entrelazadas, que vivimos en un mundo muy globalizado en donde lo que cada uno pueda hacer depende en gran medida de lo que hagan los demás. Y es verdad que esto constituye también una consideración a la hora de aplicar políticas que traten, sobre todo, de salvaguardar los intereses nacionales.

Ya hemos comentado que el triunfo de las ideas neoliberales impuso la eliminación de prácticamente todas las trabas a los movimientos de capital. Eso quiere decir que si las empresas o los financieros no están satisfechos con las condiciones existentes en un país (impuestos, normas laborales o ambientales...)

pueden *deslocalizarse*, es decir, desplazarse sin ningún problema a cualquier otro lugar. Y, lógicamente, esto actúa como una potente arma de disuasión porque muchas veces basta con amagar, con amenazar a los gobiernos con esa deslocalización para que éstos enseguida también cambien las normas legales y concedan ayudas multimillonarias a las grandes empresas que actúan así.

Ante la posible pérdida de empleos e inversiones la respuesta suele ser la cesión, y como eso se hace en todos los países resulta que estas nuevas condiciones liberalizadoras son las que han servido para crear una economía internacional en la que los estándares de protección laboral, de salarios, protección ambiental o, en general, sometimiento de los intereses empresariales a los sociales son cada vez más reducidos.

Algo semejante ocurre con los capitales financieros. Si una nación decide aplicar, por ejemplo, medidas fiscales más equitativas, los inversores especulativos podrán organizar auténticos ataques contra ese país, destrozar sus monedas o encarecer su deuda hasta que se vean obligados a ceder.

Aunque en este libro no podemos abordar alternativas a todos los problemas económicos del planeta, hemos de hacer referencia en este capítulo a las cuestiones internacionales más importantes que a nuestro juicio deben reformarse para salir de la crisis y poder aplicar las medidas que hasta ahora hemos propuesto.

NADA ES INAMOVIBLE

Las dos circunstancias de entorno que acabamos de mencionar, nuestra pertenencia a Europa y al euro y la globalización, son factores que condicionan nuestra capacidad de actuar, como la de los demás países, pero eso no quiere decir ni que estas condiciones sean inmutables, ni que no dejen rendijas muy importantes para actuar defendiendo los intereses nacionales. Ninguna de ellas significa ni mucho menos que los países y sus gobiernos tengan las manos completamente atadas a la hora de tomar decisiones.

El discurso neoliberal imperante un día detrás de otro se repite constantemente a fin de que la gente termine por creerse que sólo se puede hacer lo que se hace y que no se pueden tomar otras medidas porque el mundo "es así", porque "Europa" o "la globalización" o "los mercados", que al final viene a ser lo mismo, no permiten que nadie se salga del camino trazado.

Con este discurso consiguen que la ciudadanía no responda cuando se aplican las políticas neoliberales que disminuyen su renta y su bienestar: "son inevitables, no podemos hacer otra cosa", suele pensar casi todo el mundo. Y no reaccionan ni piensan ya en otras formas alternativas de resolver sus problemas.

Por eso es importante entender que nada de eso es verdad. Que los ciudadanos pueden construir su historia y que pueden tomar las decisiones que deseen, y también en el campo económico, aunque lógicamente para ello deban crearse las circunstancias adecuadas de distribución de poder y organizarse bien los procesos de cambio.

Nosotros tenemos la convicción de que las cosas se pueden hacer de otro modo en Europa y en el mundo.

Lo cierto es que las políticas neoliberales han provocado un desastre general en la economía mundial, tal y como hemos analizado. Y no se trata tan sólo de que las medidas liberalizadoras que acabamos de comentar y el incremento extraordinario de la desigualdad hayan creado la crisis en la que estamos, que ya es mucho. En realidad vivimos, por su causa, en un estado generalizado y permanente de crisis. Desde hace años mueren de hambre entre 30.000 y 35.000 personas todos los días en el mundo y unos 2.700 millones de personas carecen de acceso al agua limpia en nuestro planeta azul, lo que causa la muerte de unas 5.500 personas también todos los días del año. ¿Puede haber una manifestación más evidente del fracaso de las políticas neoliberales, que, sin embargo, se nos presentan como las más eficientes para resolver los problemas económicos?

En este capítulo vamos a mostrar que, a diferencia de lo que dicen los líderes y los economistas neoliberales, también hay alternativas en Europa y en el mundo capaces de plantear los problemas económicos de otro modo y de resolverlos de forma más eficaz y proporcionando mucho mayor bienestar social.

EUROPA: ¿CÓMO HEMOS LLEGADO HASTA AQUÍ?

A veces se piensa erróneamente que la Unión Europea fue construida de una manera romántica, con toda la población europea poniéndose de acuerdo para construir un mejor futuro común. Esa idea está muy extendida en especial en los países del sur de Europa, que vieron la construcción europea como la opción para escapar de sus dictaduras y sus gobiernos ultraconservadores. Pero la realidad es otra porque la Unión Europea en la que ahora nos encontramos surgió de unas élites empresariales y financieras que simplemente buscaban disponer de un mercado común para el cual se necesitaba una moneda, el euro, que pasaría a sustituir a las monedas nacionales de la mayoría de países de la UE.

Un ejemplo claro de la influencia decisiva de estas élites fue la aprobación del Acta Única, el documento en el que se establecían las condiciones previas y los procesos que iban a llevar a la creación de la Unión Europea y del euro. El propio dirigente de la compañía Phillips, Wisse Dekker reconoció años más tarde que fue él quien se encargó de reunir a cuarenta representantes de "las más grandes empresas europeas" −según sus propias palabras− y de preparar entre ellos el documento que luego sería asumido íntegramente por el comisario Cockfield para la elaboración de la propuesta de 300 directivas en las que se basaría el Acta Única.[1]

1. G. Kaplan, "Countdown to 92. Gearing up vor competi ti veness", en IEE Spectrum, vol. 27-6, pp. 22 y ss., 1990. La propuesta de Dekker fue algo más allá: llegó a proponer −aunque sin éxito− que el nacimiento del mercado único coincidiese con la celebración del centenario de su empresa en 1991.

La banca alemana también influyó de manera decisiva a la hora de imponer condiciones y para permitir que el marco, la moneda alemana, fuera sustituido por el euro. Una de ellas fue que el Banco Central Europeo tuviera como objetivo primordial controlar la inflación, que es siempre el enemigo número uno de los bancos, pues el valor del dinero desciende si la inflación aumenta. Y también impuso que el Banco Central Europeo no pudiera comprar deuda pública a los Estados y así los sometía a una austeridad continua en la que cada Estado no podía ni imprimir moneda ni tener asegurada una venta de su deuda a su banco central, y sometía su financiación a la disciplina impuesta por los bancos privados, cuyo negocio, como ya sabemos, es generar deudas.

Los intereses de las grandes empresas y de los bancos europeos llevaron a que la actual Europa se haya construido atendiendo únicamente a los aspectos financiero y monetario, y dejando de lado el resto de ámbitos económicos. Eso no sólo ha provocado los problemas que más arriba señalamos sino que también ha producido un fuerte incremento de las desigualdades regionales dentro de la propia Europa. Especialmente importantes son las desigualdades que han aumentado como consecuencia de no haber planificado el modelo de crecimiento europeo, pues en su lugar se ha apostado por una lucha competitiva y no cooperativa entre todos los países miembros. Otra condición del establecimiento del euro fue el Tratado de Maastrich, que obligaba a los Estados a no tener un déficit público mayor del 3 por ciento del PIB y una deuda pública inferior al 60 por ciento del PIB. Esto significó un enorme freno al crecimiento económico y a la producción de empleo, medidas que el capital financiero deseaba para prevenir el crecimiento de la inflación que se consideraba debería mantenerse alrededor del 2 por ciento. Esto imposibilitó que los países, una vez en recesión, como ahora, pudieran salir de ella estimulando la economía.

Sin mecanismos suficientes de compensación, sin una estrategia cooperadora entre todos los países y, por el contrario, sometidos todos ellos al interés exportador de las grandes empresas y de la banca alemana los países periféricos fueron perdiendo tejido productivo y capacidad de generar ingresos, mientras que los grandes grupos empresariales y financieros alemanes fueron acumulando gran cantidad de euros (pues la mayoría de exportaciones era a los países de la Zona Euro), euros que eran prestados a la banca de esos países periféricos y a sus Estados facilitando el enorme crecimiento del endeudamiento privado y público en aquellos países.

De esta manera la clase dominante de Alemania evitaba la caída de sus exportaciones, financiando la demanda de los demás, incluso a pesar de que la capacidad adquisitiva de las clases populares de los países periféricos estaban disminuyendo. Una alternativa hubiera sido –tal como en su día había propuesto Oskar Lafontaine, ministro de Economía del gobierno socialdemócrata Schroeder– hacer depender la economía alemana de la demanda doméstica y permitir que las rentas producidas por la elevada productividad de la clase trabajadora alemana repercutiera en un crecimiento de sus salarios (que han estado estancados por muchos años), estimulando el crecimiento económico a base de aumentar la demanda y con ello también las economías periféricas que hubieran visto un crecimiento de sus exportaciones a Alemania.

Esto indica que los intereses de las clases populares de los países céntricos y periféricos pueden coincidir, en lugar de mostrarlos como antagónicos, presentando a los trabajadores alemanes contra los trabajadores, por ejemplo, españoles. Hay que establecer estas alianzas frente a las alianzas de las clases dominantes de los países centrales y periféricos que controlan la Unión Europea, el Consejo Europeo, la Comisión Europea y el BCE, que intentan precisamente enfrentarlos, indicando que los trabajadores alemanes están ayudando a las personas trabajadoras de la periferia que supuestamente tienen mayores beneficios que ellos, cuando la realidad es muy distinta. La banca alemana y la de otros países centrales ha estado aliada a la banca de los países periféricos, así como con las grandes empresas, para imponer unas políticas que han perjudicado a las clases populares tanto del centro como de la periferia a fin de beneficiar sus intereses.

De ahí que la salida que éstas ofrecen con sus constantes políticas de recortes salariales hizo que la única forma de mantener su demanda fuera aumentando la deuda, que los bancos alemanes no tenían problema en incrementar constantemente para hacer negocio y para dar salida así a las exportaciones alemanas.

La salida que ofrecen los dirigentes neoliberales a esta situación es la misma de siempre: recortes salariales, tal y como propone ahora el llamado Pacto del Euro. Sus cuatro pilares (competitividad −con bajos salarios−, empleo −con reformas laborales−, finanzas públicas −con disminución del gasto público− y sistema financiero −con privatización de las cajas−) son los mismos que han articulado desde hace treinta años las políticas neoliberales y los que han dado lugar al problema que ahora quieren resolver con la misma receta que produjo la enfermedad y que está dañando a las clases populares de todos estos países, tanto centrales como periféricos, inhibiendo la demanda que se necesita para estimular toda la economía europea.

Como hemos comentado ya, de esta forma no se podrá salir de la crisis en muchos años. Las políticas de austeridad agudizarán la crisis de las pequeñas y medianas empresas, cuyas ventas se hacen en el interior del Estado, y, por supuesto, de los trabajadores que verán sus condiciones de trabajo y sus salarios muy deteriorados. Las grandes empresas que pagan salarios en España y exportan su producción fuera saldrán de nuevo beneficiadas porque propuestas como las del Pacto les permiten incrementar sus márgenes de beneficio, pero será imposible que con esa exclusiva rueda ande bien el carro europeo en el que todos estamos subidos.

OTRO PROYECTO ECONÓMICO PARA EUROPA

Para que Europa deje de agudizar las contradicciones económicas y resuelva problemas de malestar social y desigualdad en su seno, en lugar de crearlos, es necesario en primer lugar que se camine en la dirección de una unificación en materia de coordinación de políticas económicas y, fundamentalmente, en materia fiscal.

Una unión monetaria consiste en someter a la misma disciplina monetaria a países muy distintos. Y si no hay mecanismos superiores que eviten que las piezas salten cada una por un sitio cuando hay problemas, la unión monetaria no funciona de forma adecuada. La Zona Euro, como toda unión monetaria, necesita un Estado, una estructura política superior, como sucede, por ejemplo, en Estados Unidos, que cimente las distintas piezas y que intervenga cuando una de ellas (por ejemplo, California en Estados Unidos o Grecia en Europa) tiene problemas. En Estados Unidos hay un presupuesto federal que supone casi un 30 por ciento del PIB mientras que el europeo llega sólo al 1 por ciento. Lo que quiere decir que Europa como tal no está en condiciones de salvaguardar ni a cada uno de sus países ni al euro en su conjunto cuando se producen situaciones que afectan de modo desigual a cada uno de ellos.

Coordinación política y Hacienda europea

Conviene que haya un sistema fiscal europeo potente, unificado y progresivo, de lo que hemos hablado en el capítulo VII, que esté al servicio de ese equilibrio interterritorial y que también garantice la demanda interna europea sosteniendo el Estado del Bienestar.

Por eso consideramos imprescindible, si no se quiere que la Zona Euro salte por los aires, que se refuerce el gobierno europeo de las relaciones económicas mediante el incremento de la coordinación y se instituyan mecanismos de reequilibrio que no se basen en una simple transferencia de rentas sino en la promoción vertebrada de la actividad económica en toda Europa, y así evitar la concentración que se produce cada vez con mayor intensidad.

La unificación de este sistema fiscal podría permitir además que se emitieran eurobonos o títulos de deuda pública europeos en mejores condiciones, lo que haría que los Estados soberanos no quedaran en manos de los especuladores a la hora de financiar sus deudas, como ocurre ahora con consecuencias muy negativas para la población e imprevisibles para el futuro del proyecto europeo.

Un nuevo estatuto para el Banco Central Europeo

El Banco Central Europeo debería convertirse en un verdadero banco central y no en lo que actualmente es: un lobby de los bancos. Debería asemejarse en sus funciones a la Reserva Federal estadounidense, considerando su responsabilidad de estimular la actividad económica tan importante como controlar la inflación. Más concretamente, el BCE debería estar comprometido con el pleno empleo, la sostenibilidad económica y ambiental, y la igualdad. Y por supuesto tendría que dar cuentas al Parlamento Europeo, que tendría que tener mayor responsabilidad en la política económica.

Regulación financiera

Hay que establecer una fuerte regulación sobre los mercados financieros más importantes (como el de la deuda pública) y la prohibición inmediata de determinados productos financieros que sólo se usan para la especulación (como los *hedge funds* o los *Credit Default Swap*) y de las prácticas que a ello contribuyen (como las operaciones al descubierto). Sin una regulación potente las finanzas continuarán mostrando un poder excesivo respecto a la economía real y obstruirán los procesos productivos al dedicar los recursos a la especulación financiera no creadora de empleo. Además hay una importante correlación entre el papel especulador de las entidades financieras en la globalización y el deterioro de la participación de los salarios en la renta, lo que ha debilitado la demanda interna.

La globalización financiera que ha venido de la mano de las políticas neoliberales dedicadas simplemente a permitir que los financieros actúan con plena libertad ha perjudicado a la economía real en beneficio de la economía financiera, ha debilitado el crecimiento económico y ha incrementado la desigualdad en la distribución funcional (relación salarios-beneficios), tal y como vimos en el capítulo VI.

La Unión Europea debería reestructurarse según una estructura federal que permitiera un pacto social capital-trabajo a nivel europeo. Tales cambios deberían hacerse con cierta urgencia, pues la propia viabilidad de la Unión Europea está en peligro. Algunos estudios como el de Engelbert Stockhammer, Özlem Onaran y Stefan Ederer[2] concluyen que la Zona Euro como un todo se comporta de forma negativa respecto al crecimiento económico cuando se producen disminuciones en los niveles salariales, porque finalmente eso sólo da lugar a que las empresas, para mantener sus niveles de beneficios, destinen sus recursos a la especulación financiera, que es mucho más rentable. En su estudio demuestran que si la Zona Euro se conformara como un espacio de cooperación en materia de política salarial y promoviera la participación salarial al alza, como nosotros defendemos, se podría estimular mucho mejor la actividad económica y el empleo, y salir mucho mejor y con mayor bienestar de la crisis.

Autosuficiencia financiera y control de capitales

Necesitamos también que Europa se considere una zona de autosuficiencia financiera y establezca controles de capitales y

---

2. E. Stockhammer; Ö. Onaran, y S. Ederer, *Functional Income Distribution and Aggregate Demand in the Euro Area*, Vienna University of Economics & B.A. Working Paper, núm. 102, febrero de 2007.

la prohibición de los paraísos fiscales. Los paraísos fiscales son un agujero negro que no sólo esconde cantidades ingentes de dinero (9,2 billones según la Red Mundial de Justicia Global), sino que además son instrumentos que presionan a la baja los sistemas impositivos europeos.

Los neoliberales parten del supuesto de que si se producen cambios al alza en los sistemas impositivos se producirían expatriaciones del capital, pero para acabar con ese chantaje basta con cerrar el espacio financiero a los capitales especulativos e imponer controles de capital. En contra de lo que afirman los neoliberales ni siquiera una medida contundente como ésta provocaría grandes conflictos. Inicialmente las empresas afectadas podrían sufrir recortes en sus ganancias extraordinarias, a las que terminarían adaptándose como ha ocurrido sin problemas en otros momentos históricos, pero incluso podrían volver a recuperarlas gracias al incremento de la demanda y de los mercados que estas medidas llevarían consigo.

Los neoliberales rechazan estas medidas y las consideran imposibles de llevar a cabo sin grandes traumas y desequilibrios porque parten del presupuesto de que la actual pauta distributiva entre salarios y beneficios es inamovible, sin darse cuenta de que es el resultado de los equilibrios de fuerzas y que, lo mismo que los asalariados han soportado peores condiciones de vida cuando han dispuesto de menor capacidad de presión, las empresas soportan igual menos beneficios cuando no tienen más remedio que someterse a la presión de los trabajadores.

Y, en todo caso, el resultado de todo ello depende del orden de prioridades que se establezca: si lo prioritario es la satisfacción de las necesidades humanas y el mantenimiento de los equilibrios básicos de la sociedad, se puede recurrir a nacionalizar las grandes empresas de las que dependen porque en ningún lado está escrito que la mayoría de la sociedad deba quedar sin recursos porque sea más importante garantizar el lucro incesante de una minoría privilegiada.

Impuestos sobre las transacciones financieras

Es necesario también imponer una serie de nuevos impuestos tanto a las ganancias de capital como a los bancos y a las transacciones financieras. Todos estos impuestos no tendrían únicamente un carácter recaudatorio sino que también tendrían un sentido económico. Así, los impuestos a las ganancias de capital permitirían disuadir a los agentes financieros que especulan en plazos de tiempo muy cortos, los impuestos sobre los activos bancarios servirían para acumular fondos que permitan compensar los programas de rescates bancarios y los impuestos sobre las transacciones financieras permitirían igualmente mitigar los efectos de la especulación.

Otro modelo productivo

El modelo de crecimiento europeo tiene que ser de una naturaleza muy distinta a la vista en etapas anteriores. Más que aceptar el resultado azaroso de la caótica y desastrosa lucha competitiva entre Estados, lo que Europa necesita es apostar por un modelo de crecimiento cooperativo y coordinado, en donde la inversión pública y privada esté basada en las nuevas tecnologías y, en concreto, en las energías renovables y la investigación, en el respeto al medio ambiente y en la promoción de formas alternativas de producir y consumir. Es decir, es necesario establecer un plan de largo plazo que defina el tipo de sociedad y el modelo productivo que tendrá la economía.

En este sentido es necesario también aprobar códigos de responsabilidad empresarial en materia laboral, tecnológica, ambiental y de igualdad. Hay que controlar también que los beneficios empresariales no puedan destinarse a la especulación financiera, sino que reviertan en la sociedad. Y por supuesto esos beneficios tienen que obtenerse en sectores cuya existencia también favorezca a la sociedad sin perjudicar el medio natural tanto en términos de utilidad social como de empleo.

Convenios colectivos a nivel de toda la Unión Europea

Hoy no existe la posibilidad de establecer el pacto capital-trabajo (base del establecimiento del Estado del Bienestar a nivel de cada país) en la Unión Europea. De ahí que el mundo del trabajo esté en situación de inferioridad frente al mundo empresarial, que puede desplazar su producción con facilidad dentro y fuera de la Zona Euro y de la UE. Por eso la urgente necesidad de que se puedan hacer convenios colectivos a nivel de la UE, hoy imposible legalmente de realizarse.

Una democratización muy profunda
de las organizaciones europeas

Tales organizaciones están hoy claramente controladas por el capital financiero y el mundo de las grandes empresas que han creado una estructura a espaldas de las poblaciones que componen tal entidad pública. Sin tales cambios no ocurrirían los cambios sufridos con anterioridad.

¿SALIR DEL EURO?

Hasta este punto nosotros hemos apostado por reformas dentro de la Unión Europea que permitan construir una verdadera unión de la población europea. Sin embargo, no todos los economistas consideran que sea la única o incluso la mejor opción que les queda a los países que ahora están siendo arrasados por los planes de ajuste y los mercados financieros que los imponen. Una de las visiones alternativas es la de la salida del euro.

En efecto, a nadie le cabe la menor duda de las ventajas que disponer de una unión monetaria en Europa puede traer para todos. Pero son ventajas que sólo se pueden disfrutar cuando está bien diseñada y cuando dispone de los necesarios mecanismos compensatorios para evitar que las diferencias que suele haber entre los países o territorios que la compongan se conviertan en una amenaza para la propia unión y en una fuente de desigualdades sociales y personales, de desequilibrios territoriales, de conflictos económicos y, en suma, de empobrecimiento para algunos de ellos.

Sin embargo, a nadie se le escapa que salir del euro es una opción de costes extraordinarios que llevaría al país que lo hiciera a sufrir agresiones sin precedentes en Europa y a vivir algunos años de caos financiero y de empobrecimiento.[3] Nada más cierto.

Pero ¿acaso está propiciando otra cosa mejor un euro al servicio exclusivo del capital financiero y de las grandes empresas? ¿Acaso ha dado seguridad y bienestar a Grecia, a Portugal o a Irlanda? ¿Acaso no hizo España los deberes del euro y no puso sin rechistar en manos del capital alemán y europeo sus mejores empresas y centros de producción? ¿Acaso el euro nos está protegiendo de la extorsión y de los ataques especulativos? ¿No alentó el euro, en beneficio de la banca europea, el endeudamiento privado imponiendo los recortes salariales en lugar de la estabilidad financiera?

Si se mantienen las políticas que se han aplicado y no se pone fin a los sufrimientos extraordinarios que están padeciendo ahora países como Grecia pero que pueden extender pronto a otros más, será imposible garantizar la mínima estabilidad económica y social y la salida del euro será la única opción.

En nuestra opinión, si no hay un giro urgente en la política europea, si no se impone la cooperación, la armonía y el reparto equitativo de la riqueza, si no se admite que quien debe gobernar Europa es la ciudadanía mediante sus representantes y no los grupos de presión y los poderes financieros, no quedará más remedio que reclamar la salida de un euro convertido

3. En realidad, a tenor de las normas legales europeas, ningún país puede salirse del euro puesto que ésta es una posibilidad no contemplada (lo que de por sí dice mucho del carácter del *club* del que formamos parte). Sería una posibilidad que sólo se podría llevar a cabo mediante procedimientos extraordinarios.

en un infierno para las clases trabajadoras y que sólo serviría en el futuro para que Europa quedara como parque de atracciones de los adinerados de otros continentes.

Más allá de la globalización neoliberal

La crisis financiera ha vuelto a poner una vez más sobre la mesa la necesidad de afrontar la situación de un planeta a la deriva en donde, según el Banco Mundial, hay hoy 1.200 millones de personas que viven en el umbral de pobreza, y más o menos el mismo número de personas hambrientas, y en donde no hay manera de que los gobiernos cumplan con sus compromisos de ayuda y reformas para evitar todo eso.

Los rescates bancarios pusieron de relieve la doble vara de medir de los poderes económicos de los países desarrollados, que siempre habían justificado su falta de acción contra la pobreza, el hambre y contra la desigualdad en la falta de dinero. El Banco Central Europeo inyectó en las entidades financieras, y sólo en 2007, un total de 645.000 millones de euros y la Reserva Federal de Estados Unidos más de 200.000 millones de dólares sólo en el mismo mes que comenzó la crisis, y no le ha importado nacionalizar entidades con gran coste para salvar los trastos de los banqueros que arriesgaron demasiado con el dinero ajeno. Aunque es difícil de calcular, entre Europa y Estados Unidos se han gastado más de 15 billones de dólares para hacer frente a la crisis ayudando a las empresas y a los bancos que las habían provocado y, sin embargo, no se puede decir que con ello se hayan solucionado los problemas porque, como hemos comentado, éstos tienen carácter estructural y necesitan reformas profundas además de dinero.

Frente al intento que será completamente ineficaz de salir de la crisis aplicando las políticas que la provocan, nosotros creemos que es necesario dar un gran golpe de timón en la política mundial para imponer otras soluciones que pueden ser mucho más eficaces para hacer frente a los problemas económicos de la humanidad. Este otro tipo de soluciones son las que se proponían en el informe que resultó de una cumbre de Naciones Unidas a la que asistieron representantes de 192 países, basado en ideas plurales y no en los mismos prejuicios ideológicos de siempre, y que podemos tomar como referencia de los cambios urgentes que es necesario llevar a cabo en la esfera internacional para evitar que se sigan reproduciendo los problemas financieros y económicos que estamos viviendo.

Instituciones democráticas

Coincidiendo con esos informes, nosotros creemos que la primera exigencia que habría que abordar es la de reformar los organismos internacionales para democratizarlos y garantizar que los países menos desarrollados tengan también una justa representación en sus órganos de decisión. Sobre el Banco Mundial, Naciones Unidas ha propuesto, y nos parece razonable, que cada país tenga poder en función de tres criterios: el peso económico, la contribución al mandato de desarrollo del Banco y el volumen de préstamos otorgados. Y en lo que se refiere al Fondo Monetario Internacional recomiendan procedimientos de votación que no estén en función de la riqueza y la elección de sus dirigentes mediante un proceso democrático público.

Naciones Unidas también reclama que el Fondo Monetario Internacional actúe para respaldar a los países que tratan de administrar las corrientes de capital extranjero para apoyar soluciones a sus problemas nacionales y no que condicione las políticas nacionales a las exigencias del capital extranjero.

Necesidad de planes de estímulo

El informe de Naciones Unidas reconoce que la recuperación económica no podrá venir de la sola mano de los mercados y por eso recomendaron en su día mantener los planes de estímulo y reactivación de la economía, destacando especialmente la función de éstos como ayuda ante las dificultades creadas por la recesión económica para los pobres. Y sobre todo insisten en que la única forma de evitar que aumenten la desigualdad y la pobreza en el mundo es facilitar la financiación a los países en desarrollo y así evitar que sean esclavos de las grandes finanzas privadas internacionales. Para ello la declaración recomendaba que los países industrializados destinen al menos el 1 por ciento de los fondos de sus planes de estímulo a apoyar la recuperación de los países en desarrollo y aumentar la asistencia oficial para el desarrollo que habitualmente prometen.

Renegociar la deuda

Naciones Unidas ha reclamado también que, en lugar de dejar que los países con deuda externa a causa de la crisis queden en manos de la banca internacional, se tenga en cuenta la posibilidad de declarar moratorias de la deuda o, cuando corresponda, su cancelación parcial. Una propuesta que apoyamos sin reservas porque es materialmente imposible que la deuda provocada por la banca internacional y por las políticas neoliberales se pueda pagar con su actual volumen y composición sin sacrificios extraordinarios para la población y sin hipotecar para muchas décadas la actividad económica y el desarrollo económico y social.

Regulación financiera internacional

En lo que respecta al mercado financiero, Naciones Unidas, además de proponer un aumento sistemático de la regulación y un cambio en el sistema de incentivos financieros que modifiquen los comportamientos irresponsables de los agentes que allí operan, ha hecho hincapié en la necesidad de controlar y penalizar con severidad las corrientes financieras ilícitas, obligando a que se dé la mayor la transparencia de todas las operaciones y en la lucha contra la corrupción, un problema que, tal y como advierte Joseph Stiglitz, premio Nobel de Economía y miembro del comité que elaboró el Informe sobre la crisis aprobado por Naciones Unidas, reduce completamente el efecto de la ayuda oficial al desarrollo.

Control de la ingeniería financiera y del riesgo sistémico

También es imprescindible exigir, como plantea Naciones Unidas, que los productos derivados se registren y se valoren a precio real, que estén sometidos a auditorías independientes y que se establezcan reservas de capital mucho más potentes para evitar los problemas de solvencia que se dan. Y, sobre todo, es fundamental evitar que las agencias de calificación crediticia impongan reformas radicales para combatir la existencia de "conflictos de intereses al proporcionar las calificaciones".

En cuanto a las labores de los bancos centrales, la declaración apostaba por una vigilancia más estrecha y equilibrada, independiente de las instituciones de crédito y sometida a una eficaz rendición de cuentas públicas. En particular es destacable que la declaración recomendara el establecimiento de un mandato amplio que abarque no sólo la inflación de los precios, sino también los niveles de desempleo, las fuentes de inestabilidad para el sistema financiero mundial, así como el impacto de los estabilizadores, o desestabilizadores, automáticos y los sistemas de protección social.

Un nuevo sistema monetario internacional

Finalmente la reunión de los 192 países en el Foro de Naciones Unidas puso encima de la mesa una cuestión crucial: la reforma del sistema monetario internacional actualmente basado en la supremacía del dólar.

Este sistema pudo tener sentido al finalizar la Segunda Guerra Mundial, cuando Estados Unidos disponía del 85 por ciento del oro que había en el mundo y podía dar pleno respaldo a su moneda. Pero hoy día la deuda de ese país es gigantesca y, como sólo puede hacerle frente emitiendo cada vez más dólares, resulta que éste no es más que puro papel. De momento sobrevive porque los chinos compran la deuda estadounidense a cambio de las compras masivas de sus productos y gracias al poder militar y político de la potencia imperial que domina el mundo. Pero lo primero obliga a China a acumular reservas de una moneda que sólo tiene valor porque ella la acumula, de modo que antes o después va a obligar a que se modifique el actual estatus mundial.

Puesto que la situación del dólar es insostenible y eso traslada continuamente inestabilidad al conjunto de la economía mundial, es imprescindible reformar el sistema de pagos internacional y la vía más segura y razonable es que, en lugar de depender de una moneda imperial, lo haga de una cesta de títulos respaldados por varias de ellas y en acuerdos comerciales y de cambios basados en la cooperación, flexibles y no concebidos, como ocurrió con el dólar, para que una o varias potencias disfruten de financiación privilegiada a costa de las demás.

Acabar con el cinismo del comercio internacional

Pero además de estas reformas urgentes encaminadas fundamentalmente a poner fin a las perturbaciones financieras continuadas, hay una esencial que es la que puede permitir que todas las economías del mundo recobren la necesaria capacidad de generar ingresos y capacidad para satisfacer las necesidades de su población.

Hoy día el comercio internacional se gobierna en apariencia por los principios del libre comercio que proclaman las necesidades de que todos los países renuncien a proteger sus propios intereses en aras de proporcionar la mayor libertad posible a los intercambios. Y en virtud de ellos se ha obligado a todos los países a que hagan desaparecer las leyes o los mecanismos con los que mantenían protegidos su agricultura, industria o servicios, lo que ha permitido que los capitales y las empresas multinacionales más poderosos conquisten todos los mercados del planeta en detrimento de los productores nacionales más débiles.

Los neoliberales afirman que de esa manera se puede conseguir la mayor eficiencia y beneficio para todas las partes implicadas en el comercio internacional. Pero se olvidan de decir que eso sólo sería posible si se dieran algunas condiciones que es imposible que se den en la realidad.[4]

Lo cierto es que los países ricos que han llegado a ser más desarrollados (los europeos, Estados Unidos, Japón...) no han practicado, salvo en alguna circunstancia o etapa excepcional, el librecambio, sino que, por el contrario, se protegen mediante impuestos, contingentes, subvenciones o medidas más o menos sibilinas dirigidas a dificultar la entrada de productos extranjeros. Por ejemplo, subvencionan sus producciones y al mismo tiempo a través de los organismos internacionales prohíben que hagan eso los países más pobres, gracias a lo cual obtienen la gran ventaja de la que disfrutan a escala mundial.

4. Concretamente, la teoría económica demuestra que para que un régimen de libre comercio sea más eficiente que uno proteccionista es preciso que se cumplan las siguientes condiciones:
a) que los mercados son de competencia perfecta, lo que significa que en ellos ningún productor ni ningún consumidor tiene poder sobre los precios; que el producto que se intercambia es homogéneo y que los productores no pueden diferenciarlo de otros; que la información de productores y consumidores es perfecta y gratuita sobre todas las condiciones que afectan al intercambio, y que no hay barreras de entrada y salida al mercado. Además debe ocurrir que todos los costes generados por los intercambios puedan ser tenidos en cuenta en el cómputo de los precios.
b) Que los efectos negativos sobre la renta de algunos agentes que pueda producir el libre comercio se verán siempre compensados de manera que las pérdidas globales siempre serán menores que las ganancias obtenidas.
c) Que los despedidos de las industrias afectadas como consecuencia de que una nación permita que los productos de fuera entren libremente en su interior encontrarán trabajo en las industrias con ventaja respecto al exterior, de modo que no se reducirán de forma global los ingresos.
d) Que no existan costes derivados del cambio estructural necesario para ajustarse a las condiciones que imponga la competencia exterior (desmantelamiento de fábricas, desplazamiento de personal...).
e) Que los individuos han de cobrar en función de sus habilidades personales en cualquiera que sea la industria en la que estén colocados. De esa manera se supone que si son trasladados a otro puesto de trabajo seguirán cobrando los mismos salarios. Es bastante evidente que estas circunstancias no se dan hoy día en ningún sitio y que, en realidad, es prácticamente imposible que se puedan dar en algún momento.

Se puede decir, pues, que el comercio internacional está dominado por esta doble moral de los países ricos que lo que consigue es colonizar a los más pobres: mientras que las estanterías de los comercios en estos últimos están llenas de productos del Norte rico, los países ricos ponen trabas a la entrada de los países del Sur.

En la Unión Europea, por ejemplo, es donde sale más caro producir el azúcar, pero gracias a las subvenciones y a que los demás productores no se han podido proteger se ha convertido en la primera potencia exportadora mundial. Y eso mismo ocurre con multitud de productos que antes exportaban países pobres pero que ahora están dominados por las grandes potencias que protegen sus intereses como les conviene.

Esta doble moral de los países ricos es una de las principales causas del empobrecimiento de millones de personas y por eso hay que reclamar poner fin al actual sistema que rige el comercio internacional. Como hemos dicho, la competencia de todos contra todos sólo beneficia a los poderosos porque no hay nada más injusto que tratar igual a los desiguales.

El libre comercio que defienden los neoliberales es un simple engaño que no se da en ninguna parte y que sirve de excusa para que sólo se protejan los ricos. Frente a eso hay que reclamar establecer un mecanismo de cooperación que permita que los más débiles se protejan y que los más ricos y fuertes ayuden y compensen a quienes han empobrecido mediante un sistema mundial de reparaciones.

En contra de la ideología del libre comercio, irrealista porque es imposible que se dé en la realidad, el planeta necesita una ordenación del comercio internacional que proteja la producción nacional encaminada a satisfacer las necesidades, las de las pequeñas y medianas empresas, el patrimonio cultural propio, el medio ambiente, los derechos de las personas y los valores de la solidaridad y del humanismo, y no sólo los del comercio. Es decir, hay que avanzar hacia una auténtica desglobalización neoliberal. Sólo eso es lo que puede garantizar que la humanidad aproveche, como es cada vez más necesario, las ventajas de lo global con las de lo local, sin renunciar a lo uno o a lo otro, porque combinando ambos niveles es como se pueden encontrar las mayores y más eficaces fuentes de satisfacción humana.

Gobierno y justicia económica global

Para que todo esto sea posible también es urgente e imprescindible acabar con el sistema de gobierno informal que se ha impuesto en el planeta: cumbres de cinco, de ocho o de veinte países según convenga en cada momento a las principales potencias. O incluso reuniones de dirigentes empresariales y financieros que luego dictan la política a los Gobiernos. Es menester que se refuerce la organización de Naciones Unidas. Y si hay una economía global y problemas a esta escala debe haber igualmente un gobierno mundial representativo de todos y cada uno de los pueblos y naciones, y no sólo de los más poderosos. Y es necesario que a escala global se establezcan impuestos, normas, tribunales y todos los mecanismos necesarios, la mayoría de los cuales están ya diseñados por especialistas y por los organismos multilaterales más democráticos y por multitud de organizaciones civiles, para que la justicia y la seguridad económicas sea una realidad a escala global y se puedan perseguir todas las actuaciones y medidas que la pongan en peligro, como está ocurriendo cuando, sin deliberación ni control democrático, se están aplicando las políticas neoliberales.

IX

La economía al servicio de las personas y en armonía con la naturaleza

Hemos analizado en los capítulos anteriores las piezas que funcionan mal de la economía internacional y de la española y creemos haber puesto de manifiesto que las respuestas que se le están dando no van a mejorar sustancialmente la situación. Y después de haberlo dejado claro hemos tratado de ofrecer otro punto de vista así como propuestas generales que también concretaremos aún más en el siguiente y último capítulo.

Está claro, creemos nosotros, que en nuestra economía hay demasiadas piezas que no funcionan y que hemos de arreglar o sustituir por otras, como el sistema bancario, las finanzas en general, un sistema productivo que resulta incapaz, ni siquiera en las etapas de mayor crecimiento, de proporcionar empleo e ingresos a toda la población que los necesita, o nuestros sistemas fiscales que se debilitan constantemente para evitar que los más ricos tengan que contribuir a los gastos colectivos, pero que entonces resultan insuficientes para financiar la provisión de bienes que la mayoría de la población no puede disfrutar si ha de pagárselos a través de los mercados, sencillamente porque sus ingresos no se lo permiten.

Fallos profundos

Demasiados elementos de nuestro sistema económico funcionan mal cuando vivimos en un mundo en el que cada día mueren 60.000 personas de hambre o por desamparo mientras que cada uno de esos días se gastan 4.000 millones de dólares en armamento. Hay que ser muy ingenuo para creer que esta crisis sólo ha sido un desajuste financiero cuando el hambre que mata a unas 35.000 personas diarias se podría eliminar de nuestro planeta simplemente con gastar el 1 por ciento de los recursos que sin mayor problema se le han dado en Europa a los bancos privados para que salieran ilesos de la crisis que había provocado la codicia y la irresponsabilidad de sus propietarios y de sus directivos. Y cuando, sin embargo, sigue sin haber dinero para acabar con el hambre.

Nos parece evidente que debemos estar sufriendo algo más que un simple problema económico cuando hace algo más de un año el presidente del Banco Mundial advertía que cada minuto una mujer da a luz y que la muerte de un millón de niños se podría evitar simplemente disponiendo de 2.400 millones de dólares en 2009. Una cantidad menor a los beneficios que un solo banco, el Banco Santander, había obtenido sólo en el primer trimestre de ese año (2.100 millones de euros). Y que, sin embargo, no pudo recaudarse.

Los mecanismos que fallan en la sociedad no pueden ser sólo económicos cuando cada día circulan en los mercados de divisas alrededor de 4 billones de dólares sin pagar impuesto alguno, y cuando recaudando más o menos un insignificante 1,7 por ciento de esa cantidad en un solo día se podría garantizar que nadie muriera en el mundo de hambre, ni ninguna mujer en el parto por falta de cuidado, ni de sed, o por simples diarreas ocasionadas por la carencia de agua limpia que afecta a 1.000 millones de personas, o sin el saneamiento básico que no tienen 2.700 millones de personas en el planeta.

¿Alguien puede creer que es un fenómeno simplemente financiero o económico el que los multimillonarios y las entidades y las instituciones que tienen dinero de sobra para resolver todos esos problemas dediquen sus recursos a comprar y vender papel en mercados financieros que son en realidad casinos globales?

¿Se puede pensar de verdad que si España se ha dedicado en los últimos años a construir más viviendas que Alemania,

Francia, Inglaterra y Francia juntas para luego dejar tantas de ellas vacías o formando monstruosidades urbanas en mitad de las playas o de los campos es sólo por una cuestión de lógica económica?

¿Nos parece de verdad que el hecho de que en España, justo en el momento en el que los tipos estaban en su nivel más alto, hubiera el mayor porcentaje de personas del mundo con contratos hipotecarios suscritos a interés variable es un simple fruto de la casualidad?

Nosotros creemos que no. En nuestra opinión todo esto no es sino parte de los síntomas que muestran que esta crisis se ha caracterizado también porque se ha producido una extraordinaria inversión de los valores, una degeneración de las lógicas sociales y una concentración de poder en muy pocas manos que ha permitido que quienes han causado todo eso hayan podido disimular sus efectos reales para que nadie se diera cuenta de lo que han ganado con ello.

Por eso entendemos que a la hora de tratar de dar salida a la crisis que vivimos debemos pensar también en estos problemas de fondo.

Lo primero son las personas

La situación a la que hemos llegado nos muestra, como creemos que claramente indican los hechos que acabamos de mencionar, que todo lo que ha pasado ha podido ocurrir porque se ha dado prioridad al beneficio y al lucro antes que a las necesidades de los seres humanos.

¿Cómo se puede entender, si no, que se permita que los financieros especulen con el precio de las materias primas, del arroz, de los cereales... que constituyen la ingesta básica de millones de personas y que por causa de los incrementos que así se provocan se produzca la muerte por hambre de millones de personas, sin que nadie actúe y no haya autoridades que lo prohíban?

¿No es evidente que si se pusieran en primer lugar las necesidades y los intereses de las personas en España no habría 3,1 millones de viviendas vacías, es decir, 100 sin utilizar por cada una de las personas que no tiene hogar en España y que lo necesita?

¿Acaso se estarían recortando los gastos públicos en educación en España cuando alrededor del 30 por ciento de los adolescentes abandonan antes de tiempo el sistema educativo si primaran sus intereses, los de sus familias o los del conjunto de la población española? ¿Se recortaría el gasto público dedicado a financiar el sistema de cuidados cuando el 89,4 por ciento de las personas que los necesitan (1,1 millones) declaran que sólo lo reciben con carácter informal y sólo el 4 por ciento exclusivamente procedente de servicios públicos?

¿Se permitiría que Telefónica pudiera despedir al 20 por ciento de su plantilla en España el mismo año que ha ganado 10.167 millones de euros si se considerara que el valor económico más importante es la satisfacción de las necesidades humanas?

¿Si se antepusiera el interés colectivo al particular de los banqueros se consentiría que casi un millón de pequeñas y medianas empresas españolas, casi el 90 por ciento del total, tengan dificultades para acceder al crédito que necesitan cuando los bancos que deben financiarlas están recibiendo dinero del Banco Central Europeo al 1 por ciento?

¿De verdad alguien puede creerse que es por alguna razón económica por lo que los multimillonarios españoles tributen sus fortunas, cuando lo hacen, al 1 por ciento, las empresas sus beneficios al 10 por ciento, cuando tributan, y los asalariados, sin posible escapatoria, al 25 o 35 por ciento a poco que tengan un sueldo de clase media?

Reflexionar sobre estas preguntas lleva de forma inevitable a una conclusión que constantemente se procura, con éxito, que no forme parte del debate social: no es verdad que el paro, la crisis, la pobreza o el reparto tan desigual de la riqueza sean el resultado de que fallan unos mecanismos de ingeniería, como los de un reloj, que no tienen nada que ver con los individuos y su posición social y que, por tanto, deban ser resueltos por técnicos, como suelen decir los neoliberales. Todo lo contrario, estas paradojas, estas contradicciones y estos problemas aparecen precisamente como consecuencia de que las personas tenemos una capacidad muy desigual a la hora de dar valor o hacer efectivas nuestras preferencias.

Si todos los seres humanos tuviéramos semejante capacidad para ello, estaríamos de acuerdo en que lo prioritario a la hora de decidir dónde van los recursos no es que el 75 por ciento de la riqueza se la apropie el 1 por ciento más rico, o que el 0,0035 por ciento de la población española controle recursos por valor del 80,5 por ciento del PIB, como hemos visto que ocurre. Sino, por el contrario, que se repartieran entre todos para que todos pudiéramos vivir con nuestras necesidades más o menos igual de satisfechas.

Hacer que las personas sean lo primero significa precisamente eso: obligar, por ejemplo, a evaluar antes de tomar una medida económica a quién va a beneficiar y en qué medida, y dar la posibilidad a la gente para que se pronuncie sobre si, a la vista de ello, quiere que se adopte o no. Y, por supuesto, significa que ningún grupo social, como el de los banqueros y grandes empresarios a los que se llamó a La Moncloa para que dieran sus soluciones a la crisis (a pesar de ser los que más empleo han destruido en España en los últimos años, por cierto), va a tener la posibilidad de imponer sus intereses a los demás sin que medie un método democrático de deliberación y decisión.

Y hacer que las personas sean lo primero supone igualmente que la sociedad asuma un imperativo ético esencial e irrenunciable que obliga a rechazar cualquier asignación de los recursos que implique la desprotección de seres humanos, su empobrecimiento y su exclusión, así como toda decisión económica que quite a los que tienen menos para dar a quienes tienen más y de sobra.

Otro modo de producir y de consumir. Otros valores

La crisis que vivimos es el resultado de un fenómeno viejo pero que se ha exagerado en los últimos tiempos de las economías capitalistas: el desarrollo de la producción y el consumo como si dispusieran para sí de recursos inagotables.

Lo que hoy día llamamos economía comenzó siendo en Grecia algo que tenía que ver con la administración de las cosas cercanas a las personas, con lo doméstico, pero a partir de la Edad Media empezó a vincularse sólo a las actividades humanas que tuvieran expresión monetaria. Y así se ha desarrollado hasta hoy. El trabajo doméstico que principalmente realizan las mujeres porque no hay suficiente corresponsabilidad en su reparto por parte de los hombres no se considera económico ni se contabiliza. Las personas que se dedican a ello se consideran económicamente "inactivas" aunque dediquen horas y horas a llevarlo a cabo y les suponga mayor esfuerzo que cualquier otro trabajo remunerado.

Como no tiene dimensión monetaria resulta que no se visibiliza económicamente, lo que quiere decir que la economía registrada se desenvuelve sin preocupación respecto de él o, lo que es lo mismo, como si pudiera explotarse sin límite, algo que es evidentemente insostenible.

Así, se pueden recortar gastos en escuelas infantiles o en cuidados porque en cada hogar habrá (casi siempre) una mujer que asumirá la sobrecarga de trabajo que eso suponga gracias a que la sociedad (y ella misma, posiblemente, han asumido valores que imponen o justifican que ésa sea la división del trabajo imperante). Lo que no ocurriría en el mercado laboral, en donde eso conllevaría un sobrecoste (monetario) que regularía el uso del recurso en cuestión. Y la economía tampoco tiene en cuenta, por ejemplo, el gasto de energía que lleva consigo producir un bien o un servicio, o consumirlo. Sólo computa su valor de mercado, monetario.

Y como nada que no tenga expresión monetaria se registra a la hora de valorar la actividad económica, resulta que no se toman en cuenta ni la destrucción del medio ambiente, ni el despilfarro en forma de residuos que no se usan pero que gastan energía o recursos naturales, ni la desaparición de especies, ni por supuesto lo que pueda tener valor puramente sentimental o vital, como la pérdida del horizonte o la belleza de un paisaje.

La consecuencia de no tener nada de esto en cuenta es que la producción y el consumo se incrementan de manera extraordinaria como si fueran mucho menos costosos y así se genera una utilización de recursos excesiva que es muy rentable desde el punto de vista monetario pero materialmente insostenible.

Los economistas convencionales, por ejemplo, sólo se fijan en el Producto Interior Bruto, que registra el valor monetario de la actividad económica que se realiza en un país. Y, como sabemos bien, hacen todo lo que está en su mano para que aumente lo más posible y cuanto antes, pues entienden que de ello depende que haya empleo, beneficios e incluso bienestar. Pero, si no tienen en cuenta el gasto real de energía, de residuos, en suma, de naturaleza que lleva consigo ese crecimiento, realizan unas cuentas que son extraordinariamente engañosas porque incentivan o promueven la producción y el consumo en cantidades que no es posible soportar en la base natural en que se llevan a cabo y que explotan.

Si tenemos en cuenta el concepto novedoso e interesante que la economía convencional no considera de "huella virtual", resulta que si con él se calcula no sólo el agua que gastamos directamente sino la que ha sido necesaria para producir lo que consumimos, a cada persona le corresponde entre 2.000 y 5.000 litros de agua por día de media (teniendo en cuenta, por ejemplo, que sólo comerse una hamburguesa conlleva gastar 2.400 litros de agua). Una cantidad materialmente insostenible.

La economía tampoco contabiliza, por ejemplo, el coste de la energía que lleva consigo producir, transportar o preparar los bienes y servicios que, en el caso de los alimentos que consumimos, significa un valor seis veces más grande del que suele expresar su valor monetario. Lo cual no es de extrañar si tenemos en cuenta que los alimentos que comemos conllevan un transporte, por término medio, de 4.000 kilómetros.

Y sin tener en cuenta esas cosas, la economía convencional tampoco puede percatarse de que la biocapacidad global de España, es decir, el área de la que disponemos para mantener el consumo de los recursos naturales y absorber las emisiones de dióxido de carbono que requiere nuestra actividad económica, se ha superado ya casi tres veces y media. O, dicho de otro modo, que para satisfacer nuestro nivel de producción y consumo actual de bienes y servicios necesitaríamos casi 3,5 Españas.

Como eso es evidentemente imposible, lo que significa es que como otros países ricos estamos colonizando ambientalmente otras superficies del planeta. Pero es de igual manera evidente que eso es imposible que lo puedan hacer todos países y que en cualquier caso lleva a una vía sin salida, insostenible.

Si por el contrario somos realistas y tenemos en cuenta esas limitaciones ambientales, resulta que no podemos aspirar a satisfacer nuestras necesidades, a crear empleo e ingresos simplemente incrementando la dimensión monetaria de la actividad porque sabremos que eso sólo conduce al borde del precipicio. O, lo que es lo mismo, no podemos seguir considerando como objetivo de la actividad económica el crecimiento de las actividades con expresión monetaria, lo que ahora llamamos "crecimiento económico" medio a través del PIB.

Por eso hay que dar prioridad al incremento de la producción local y de proximidad, a la ecológica y la ahorradora en energía, transporte y materiales.

Eso significa que hemos de aprender a medir y a dar valor de otro modo a las cosas que necesitamos, utilizando otros indicadores y variables para gobernar la vida económica y tomar decisiones. Y, sobre todo, que debemos producir los bienes que necesitemos ajustándonos no sólo, como ahora, a la escasez de recursos valorables monetariamente, sino también a la de todos aquellos que nos proporciona la naturaleza. Algo que en concreto se traduce en que no vale sólo computar el beneficio que produce el ahorro de costes salariales, sino el que se corresponda con la consideración de costes que no se traducen de forma directa en gasto monetario. Lo que seguramente llevaría a desechar, porque entonces no sería *rentable*, la construcción de docenas de campos de golf, trenes de alta velocidad, autopistas o urbanizaciones sin solución de continuidad, por ejemplo.

Y esos condicionantes que nos marca la exigencia de tener que vivir con la naturaleza como un espacio del que sólo disponemos como prestado y que tenemos que devolver en las mismas condiciones que lo recibimos nos obligan también a modificar nuestra pauta de consumo sobre todo, y a liberarla de la esclavitud que le impone la lógica mercantil ajena a la necesidad y vinculada sólo al lucro.

En la economía de mercado el consumo es también un producto de la producción que además crea un tipo de sujeto, de ser humano adecuado a lo que se produce. La producción de hoy día que las nuevas tecnologías han podido lograr que sea diferenciada a bajo coste es la que crea el consumidor que busca, sobre todo, la diferencia y, por tanto, que cultiva su individualismo como la condición en la que se siente satisfecho. Es el que usa el ordenador *personal*, el que compra ropa en el gran almacén creyendo que compra un producto exclusivo (sin percatarse de que ésa es la ficción que provoca el sistema de reposición instantánea de mercancías) o el que personaliza su automóvil tratando de que sea diferente de cualquier otro. Y así es como el liberalismo acaba con la sociedad porque, como decía Margaret Thatcher, ésta no existe, sólo existen los individuos.

Unos individuos, entonces, a los que les sobra el sindicato, la organización, el barrio, la compañía y que gracias a ese aislamiento van a permanecer impotentes y sumisos ante cualquier cosa que se les venga encima, que es lo que se busca para que un orden social tan desigual, frustrante e injusto como el que ha impuesto el neoliberalismo se mantenga sin ser puesto en cuestión por esos consumidores individualizados, ensimismados y por tanto deshumanizados que son precisamente quienes más lo sufren. Aunque nunca puedan saberlo porque para ello hay que ponerse al lado del otro y comparar una condición con otra para percibir que es la misma y que tienen destinos comunes que vale la pena recorrer de la mano.

Esa estrategia que es la que justifica que los productores se hayan hecho también con el sistema de mediación social, es decir, con el que permite elaborar y difundir la información, conformar la conciencia, generar las ideas e inocularlas a los demás.

Las alternativas a la crisis pasan, pues, por romper también este cascarón de fantasía consumista y de individualidad en el que están encerrados millones de personas.

Eso significa que hemos de aprender a pensar al revés.

Es decir, no con los códigos del otro sino son los nuestros propios. Pero no sólo para hablar con nosotros mismos sino para crear un relato colectivo. Eso significa que hemos de aprender a desear y a sentir. Pero no para ser esclavos del capricho sino para dominar la necesidad.

Claro que esto implica situarnos en unas coordenadas diferentes a las del mundo en el que vivimos para poder modular y vivir de otro modo los valores en los que queremos insertar nuestra existencia como seres humanos: sustituir el dinero, el comercio, la ganancia, la competición y el cálculo por la cooperación y el afecto, la justicia, el amor o el placer de sentirse satisfecho con mucho menos pero en realidad con mucho más de lo que ahora tenemos.

¿HABLAMOS SÓLO DE UTOPÍAS? ¿SE PUEDE CAMBIAR LA SOCIEDAD?

Hemos realizado un diagnóstico y proponemos remedios, principios generales de actuación y medidas concretas que ofrecemos en el siguiente para concluir el libro.

Cualquier persona que las lea se preguntará si son viables o si constituyen simplemente un desiderátum y la respuesta está en la historia misma de los seres humanos, en nuestro código genético de seres sociales que hemos tenido siempre el entorno que nosotros mismos hemos querido tener.

Las preferencias sociales, cualesquiera que sean, no son viables o no por definición sino en la medida en que los sujetos que las defienden sean capaces o no de hacer que se asuman como deseables por la mayoría de la sociedad, o bien porque las impongan a los demás por la fuerza.

Lo que ha ocurrido en los últimos años es que la concentración de las rentas y la riqueza ha sido tan grande que grupos muy reducidos de personas disponen de un poder inmenso sobre el conjunto de la sociedad y que se traduce principalmente en el dominio de los medios de comunicación más influyentes por un grupo muy reducido de propietarios.

Berlusconi, el presidente del gobierno italiano, no sólo ha controlado mientras gobierna el cien por cien de la televisión terrestre y el 90 por ciento del total de cadenas italiano, sino que en España posee el 41 por ciento de Telecinco y Cuatro, el 22 por ciento de Digital + y además los canales de la TDT 40 Latino, Divinity, Canal Club, Factoría de Ficción, La Siete y Boing, además de productoras.

Como ha indicado, entre otros, la profesora Nuria Almirón, la concentración en el sistema de comunicación español es muy grande, como demuestra que los cinco primeros grupos aglutinen más de la mitad del negocio de la comunicación en España y que los diez primeros grupos aglutinen el 84 por ciento de los ingresos del sector.[1] Y esta concentración de los medios en pocas manos no es ni mucho menos inocua porque materialmente imposibilita que los ciudadanos conozcan con transparencia la realidad económica en la que viven. Los medios de propiedad privada prácticamente monopolizando las fuentes

---

1. Nuria Almirón, "Grupos privados propietarios de medios de comunicación en España: principales datos estructurales y financieros", *Comunicación y Sociedad*, vol. 22, núm. 1, pp. 243-27, 2009.

de información son, por el contrario, un instrumento privilegiado para ocultar la realidad económica y para trasladar a la sociedad una visión deformada de la vida económica, pues cultivan el monolitismo y promueven un auténtico pensamiento único.

La concentración del poder se ha traducido también, y al mismo tiempo, en la aparición de espacios de decisión cada vez más ajenos al de los poderes representativos a los que se ha puesto de moda denominar como "los mercados", pero que en realidad son los grandes financieros, directivos y representantes de las grandes corporaciones que tienen una influencia decisiva sobre el poder político, hasta el punto de que es impensable que los gobiernos tomen hoy día decisiones si no es bajo su tutela.

Y lógicamente eso se ha traducido en una paralela y progresiva debilidad de las instituciones democráticas, pues el papel de los Parlamentos, por ejemplo, palidece ante el de los gobiernos, que son quienes en realidad promueven las leyes, elaboran sus anteproyectos y dirigen las estrategias parlamentarias. Y los gobiernos, como acabamos de decir, quedan a su vez a la orden de los grupos de poder y presión ajenos a cualquier veleidad representativa.

Y si a eso se añade la oligarquización de los partidos y la desaparición paulatina de cualquier otro espacio de debate social o de participación política, resulta que las democracias de nuestra época que sirven de soporte institucional y legitimador al neoliberalismo no son sino un dibujo muy difuminado, un remedo de la verdadera democracia que a los ciudadanos no ofrece otra alternativa que la de votar periódicamente y en ocasiones, como ocurre en España, sujetándose a una ley electoral elaborada expresamente para reducir de manera artificial la representación de la izquierda en general y de la más radical en particular.

No es de extrañar, pues, que la generalización de este tipo de procesos haya llevado a que miles de personas llenen las calles y plazas de España gritando que lo llaman democracia pero que no lo es o que la clase política nacida de ella no los representa.

Otro mundo es posible

Sin embargo, es posible modificar la trayectoria de los procesos sociales y cambiar la historia para construir otro mundo y una sociedad distinta.

La historia es precisamente la mejor muestra de que somos los seres humanos quienes podemos agilizar los cambios y, por supuesto, determinar en qué dirección pueden orientarse las grandes y las pequeñas tendencias que la mueven.

Y pueden cambiarse y dar lugar tanto a los grandes acontecimientos que abren en un momento horizontes antes impensables como a las minúsculas transformaciones que operan con mayor lentitud y a veces de modo imperceptible.

Lo que ocurre es que los cambios sociales necesitan siempre fuerza social, el empeño político de la ciudadanía, ideas y voluntad para hacerlos efectivos, decisión y un proyecto capaz de encantar a muchos más de quien inicialmente lo suscribe y, sobre todo, una visibilización nítida en toda la sociedad que no puede ser sino la expresión de la movilización continuada.

Las medidas que proponemos son plenamente viables, y mucho más realistas que hacen que funcionen, como defienden los neoliberales, mercados de competencia perfecta en medio de un universo de intereses oligopólicos y de grupos de poder sumamente concentrados o economías con cientos de miles de personas pasando necesidad a base de reducir de manera constante sus ingresos. Necesitan, aunque eso no es poco, la asunción ciudadana, su apoyo y la movilización que las haga imprescindibles porque las desee la mayoría de la sociedad.

Y para que llegue a ser posible todo esto es preciso también romper las inercias y las imposiciones de los poderes actuales basadas en el dinero, en la manipulación informativa, en la imposición y en la centralización de los procesos de decisión desarrollando otro sistema completamente distinto, plural, libre y realmente democrático fundado en la deliberación franca, en la información libre, en la convivencia plural, en el reparto, en la tolerancia y en el respeto a cualquier manifestación de diversidad. Frente al poder de pocos que ha hecho de nuestra economía una fuente de frustraciones y perturbaciones constantes, de crisis y desequilibrios ya casi irresolubles, deberíamos ser capaces de construir sociedades de contrapoderes en las plazas pero sobre todo en los centros de trabajo, en los barrios y también en la vida personal y diaria, en donde tan a menudo esta sociedad reproduce la esclavitud y la discriminación, por ejemplo, en el caso de las mujeres.

Quienes se están aprovechando de una forma tan privilegiada del modo en que ahora funcionan las cosas en el mundo económico nunca van a reconocer que sea factible cualquiera de las medidas que proponemos y que evidentemente reduciría su ingreso, su poder y su beneficio. Pero es que el modo en que queramos que sea el mundo no depende sólo de su deseo, sino del deseo de todos porque a la hora de decidir qué política económica poner en pie debe valer tanto la preferencia del más rico de los banqueros como la del ser más humilde. Y es justamente a éste a quien creemos que ha llegado ya la hora de darle la palabra, no sólo para que cada cuatro años elija cada vez más inútilmente entre quienes luego no tienen capacidad de hacer efectivas sus promesas, sino en los espacios abiertos del debate y de la movilización social para crear un poder ciudadano que se imponga frente a quienes ahora deciden todo tras las tramoyas del mercado.

Por eso saludamos con satisfacción extraordinaria el nacimiento del movimiento del 15M, con sus limitaciones y sus miserias, como todos podamos tener, pero que representa un golpe de aire fresco que puede regenerar, ojalá que para siempre, el aire tan viciado de la política de nuestros días.

Lo que nosotros deseamos es que la aportación modesta que hemos ofrecido en este libro sea de utilidad para los miles de personas que ponen en marcha el 15M y ayude para que cada día que pase se sumen muchas más hasta convertirlo en una oleada imparable de libertad, de progreso y de democracia real.

Cambios políticos necesarios

Cualquier diagnóstico de la realidad debe ir acompañado con una serie de propuestas de cómo resolver el problema que ha sido analizado. Y esto es lo que intentamos hacer en este libro. Naturalmente que somos conscientes de que habrá un rechazo en los centros de sabiduría convencional dominados por el dogma neoliberal. Pero es urgente y necesario que se informe a la ciudadanía de que hay alternativas posibles, realistas y razonables, y que son populares. Tenemos la evidencia de que la mayoría de la ciudadanía simpatizaría con ellas y las apoyaría si tuviera la posibilidad de decidir sobre ellas. De ahí la gran urgencia de movilizarse para presionar a las instituciones llamadas representativas para que las implemente. Y un elemento clave para que ello ocurra es mejorar la enormemente insuficiente democracia que existe en España. Resultado del dominio que tuvieron las fuerzas conservadoras en el proceso de la Transición, la democracia en nuestro país es muy incompleta y esto ha determinado un bienestar bastante insuficiente. De ahí que para alcanzar el bienestar social que el pueblo español, creador de su riqueza, se merece, se necesitan cambios muy sustanciales del sistema político, haciéndolo auténticamente representativo de la población, dentro de la cual las clases populares son la mayoría.

Esto no está ocurriendo en España. Se están tomando decisiones sumamente impopulares, que son consecuencia de la excesiva distancia entre los representantes (próximos a la banca y a los poderes fácticos) y los representados (predominantemente las clases populares). Y una de las causas es el excesivo bipartidismo resultado de una ley electoral muy poco representativa y que perjudica, cuando no imposibilita, la aplicación de los programas de los partidos de izquierda, entre los que se incluye el del partido socialista. Ello explica que aun cuando los votos de izquierda hayan sumado cifras mayores que los votos de las derechas en España en prácticamente todas las elecciones legislativas al Parlamento español (2.677.061 votos en 1982; de 1.460.497 en 1986; de 2.174.278 en 1989; de 2.014.027 en 1993; de 1.250.822 en 1996; de 2.152.514 en 2004; y de 1.486.896 en 2008), España continúa a la cola de la Europa social. El sistema electoral diseñado para perjudicar a las izquierdas, y muy en especial a los partidos minoritarios a la izquierda del partido socialista, es responsable de ello. De ahí que es fundamental que se respete el principio sobre el cual se construye la democracia, es decir, que cada persona tenga la misma capacidad de decisión, con independencia de cuál sea su lugar de votación. Una persona, un voto de igual valor. Todos los cambios que se han hecho a este principio han tenido como consecuencia debilitar el mismo a favor de las fuerzas conservadoras.

Otro elemento necesario es la introducción de formas directas de participación (hoy prácticamente inexistentes en España), como son los referendos vinculantes que deberían convocarse a nivel autonómico y local, sin cortapisas y con todo tipo de facilidades.

Junto con ello es necesario democratizar todas las instituciones, tanto de democracia representativa como directa. Democracia no es sólo votar cada cuatro años. Democracia es la participación de la ciudadanía en los lugares donde vive, trabaja, disfruta, goza y es feliz. Y que lo haga en bases diarias y no sólo cada cuatro años. Es más, la supervisión de los gobernantes por los gobernados exige la posibilidad de retirar una decisión o a un representante según el deseo del electorado. Un elemento esencial de esta democratización es la democratización de los partidos, convirtiéndolos en colectivos horizontales integrados en la sociedad, en lugar de aparatos verticales poco sensibles a la voz de sus electores.

Y todo ello no ocurrirá a no ser que haya una democratización de los medios de información y prensa, hoy muy poco plurales, con marginación de las voces críticas del pensamiento actual. Libertad de prensa (y de medios radiofónicos y televisivos) no puede ser igual a libertad de sus propietarios. Los medios consumen recursos públicos, y por tanto, debiera exigírseles como condición de su capacidad la existencia de unos baremos de diversidad que en la actualidad son inexistentes.

Y con ello terminamos este libro. Saludamos y celebramos las movilizaciones que están ocurriendo hoy en España, como el movimiento 15M, que valoramos muy positivamente y que junto con las recientes movilizaciones laborales prefiguran un futuro en que la razón, la solidaridad, la justicia y la democracia predominarán y terminarán con el dogma, las crisis que ha causado, la injusticia y la manipulación que la aplicación del neoliberalismo nos ha conducido y nos ha llevado al lugar donde estamos y del que la mayoría de la población desea salir.

X

115 propuestas concretas

GOBERNANZA MUNDIAL

1. Constitución de un gobierno mundial que permita compensar y reducir el poder de los grupos privados internacionales, así como facilitar la instauración de un mundo diferente.
2. Asunción de competencia ejecutiva por parte de Naciones Unidas para la adopción de decisiones en materia económica y financiera, y siempre subordinando sus decisiones a la Declaración de Derechos Humanos.
3. Democratización de los organismos internacionales como el Banco Mundial, el Fondo Monetario Internacional y Naciones Unidas con votos no vinculados a la riqueza y sin derecho a veto.
4. Obligación de los países respeten e implementen los derechos humanos definidos por la Declaración de Derechos Humanos de las Naciones Unidas para poder ser admitidos en las organizaciones internacionales.

SISTEMA FINANCIERO Y MONETARIO INTERNACIONAL

5. Nuevo estatuto de la banca internacional que permita compartimentar la actividad financiera, separando banca comercial de banca de inversión y avanzar en la supresión del sistema de reservas fraccionarias, comenzando por incrementar el coeficiente de caja.
6. Prohibición de prácticas y productos financieros especulativas tales como las operaciones al descubierto y los

Credit Default Swap (CDS), de los mercados Over The Counter (OTC) y de las operaciones de alta frecuencia, del secreto bancario y de los paraísos fiscales.[1]

7. Impuestos sobre transacciones financieras en función del grado de utilidad social de la transacción.

8. Reforma del sistema de pagos internacional sustituyendo el dólar como moneda dominante por una cesta de títulos respaldados por varias monedas internacionales.

JUSTICIA GLOBAL

9. Presupuesto mundial para Naciones Unidas y creación de un Fondo de Restitución para compensar a los países empobrecidos por los efectos de las políticas coloniales y neoliberales.

10. Ayuda Oficial al Desarrollo del 0,7 por ciento destinada al presupuesto de Naciones Unidas.

11. Reducción inmediata del gasto militar de todos los países en un 20 por ciento y destino de esos fondos al presupuesto de Naciones Unidas.

12. Impuestos globales a los beneficios extraordinarios del comercio internacional y sobre la emisión de gases contaminantes del medio ambiente, todos los cuales irán destinados a financiar el presupuesto de Naciones Unidas.

13. Ejecución inmediata de los compromisos incumplidos por los países del G-8 en materia de ayudas para acometer tareas urgentes como la hambruna o los desastres naturales.

1. Las operaciones *Over The Counter* son las que se realizan por inversores muy poderosos al margen de los mercados organizados a base de acuerdos interpartes y sin someterse a las normas reguladoras establecidas por las autoridades para otras operaciones financieras. Las operaciones de alta frecuencia son las operaciones de compra y venta de productos financieros que se llevan a cabo a través de programas informáticos, con unos márgenes muy pequeños pero con un volumen muy grande, lo que da una gran ventaja a los inversores que las llevan a cabo. Casi la mitad de las operaciones financieras que se llevan a cabo en el mundo se realizan de esta forma.

14. Plan urgente de acción inmediata para garantizar el cumplimiento de los objetivos del milenio.

COMERCIO INTERNACIONAL

15. Conferencia en el marco de las Naciones Unidas de autoridades, expertos y organizaciones y organismos independientes de los gobiernos para definir nuevas reglas del comercio internacional que sean más justas y democráticas, que garanticen la protección efectiva de los derechos de las personas, de los pueblos empobrecidos, de las economías más vulnerables y del medio ambiente.

16. Desaparición inmediata de las barreras impuestas al comercio por parte del Norte, así como de las ayudas y subvenciones a sectores o empresas de los países ricos.

17. Prohibición del *dumping* de productos no autorizados en los países ricos a los países pobres.

18. Establecimiento de un código de responsabilidad de las empresas multinacionales para garantizar el cumplimiento de las condiciones laborales, sanitarias y humanas.

19. Control estricto sobre el sector armamentístico.

20. Elaboración de un código internacional de investigación sanitaria y financiación por parte de Naciones Unidas de investigaciones no rentables pero que permiten salvar millones de personas en el mundo.

21. Garantía de la propiedad de la población sobre los recursos naturales básicos, considerando el agua como una propiedad común de la humanidad que no es apropiable por ninguna empresa.

CONSTITUCIÓN DE UN AUTÉNTICO
ESTADO CONFEDERAL EUROPEO

22. Reforzar los poderes del Parlamento Europeo.

23. Nombramiento de la Comisión Europea a través del Parlamento a fin de garantizar su legitimidad.

24. Establecimiento de mecanismos de coordinación integral de las políticas europeas.

25. Nuevo estatuto del euro que garantice simetrías, equilibrio e igualdad entre los pueblos.

26. Modificación de los criterios de pertenencia a la Unión Europea y Monetaria para exigir que en todos sus países miembros se garantice el ejercicio de los Derechos Humanos definidos por las Naciones Unidas con indicadores sociales y políticos además de los fiscales y monetarios. Y para que los países tengan que alcanzar objetivos sociales, como pleno empleo y universalización de los derechos humanos y sociales como condición de pertenencia.

27. Flexibilización del criterio de Maastricht y modificación de sus indicadores fiscales y monetarios para permitir y garantizar los estímulos económicos y la creación de empleo.

INSTITUCIONES ECONÓMICAS

28. Reforma del estatuto del Banco Central Europeo que lo obligue a rendir cuentas ante el Parlamento Europeo y que le imponga como preocupación prioritaria el mantenimiento del pleno empleo, la igualdad y el bienestar humano, dentro de un sistema financiero que proteja a los Estados miembros de la eurozona frente a los ataques de los especuladores financieros.

29. Creación de una agencia pública de calificación y la prohibición de que las agencias privadas puedan calificar los títulos de deuda pública.

30. Creación de la Hacienda Pública Europea con un carácter altamente progresivo y que permita acabar con la competencia fiscal entre países.

31. Reforzamiento del Banco Europeo de Inversiones al

Desarrollo, cuya actividad esté orientada a modificar el modelo productivo europeo.

EUROPA Y LA ECONOMÍA INTERNACIONAL

32. Definición de la Unión Europea como zona de autosuficiencia financiera que ignore las demandas de la industria financiera.

33. Establecimiento de control de capitales para acabar con los movimientos especulativos.

34. Prohibición de paraísos fiscales con la elaboración de una lista completa de los mismos a partir de criterios estrictos.

35. Estricta regulación financiera que adecue la regulación financiera internacional al entorno europeo de autosuficiencia financiera.

36. Impuesto sobre las transacciones financieras para desincentivar la especulación y promover la actividad productiva y sobre los activos bancarios para crear un fondo que permita compensar posibles rescates bancarios futuros.

37. Reforma de la estrategia comercial europea renunciando a las ayudas y las subvenciones de la Unión Europea a sectores o empresas que compiten con países empobrecidos.

38. Fortalecimiento de los mecanismos de carácter redistributivo como las transferencias de rentas entre países y entre clases sociales, las prestaciones europeas de desempleo, etcétera.

39. Fortalecimiento de la producción local y no contaminante, menos generadora de residuos y con menor gasto energético.

40. Coordinación salarial europea y convenios colectivos europeos con un pacto capital-trabajo basado en la recuperación progresiva del peso de los salarios en la renta.

41. Normas europeas de obligado cumplimiento en materia de igualdad, conciliación y corresponsabilidad.

42. Códigos de responsabilidad empresarial y limitación de las remuneraciones de los directivos y los brókers.

43. Políticas europeas de promoción de la cooperativa social, avanzando en la gestión democrática de las empresas.

RESPUESTAS INMEDIATAS A LA CRISIS

44. Creación de una comisión formada por personas con acreditada experiencia en el mundo de las finanzas y de la economía mundial que depure las responsabilidades de los causantes de la crisis.

45. Puesta en marcha de planes de estímulo bien orientados y que estimulen el crecimiento de nueva actividad económica sostenible generadora de riqueza social, de empleo decente e igualdad y respetuosa con el medioambiente.

46. Auditoría de la deuda pública con un estudio pormenorizado de los contratos de deuda pública de todos los países europeos con objeto de buscar aquellos contratos considerados ilegítimos.

47. Concesión al Banco Central Europeo de poderes para emitir títulos propios de deuda pública con los que financiar su presupuesto y las ayudas a los países.

RESPUESTAS INMEDIATAS A LA CRISIS EN ESPAÑA

48. Referéndum vinculante ante cualquier plan de ajuste estructural.

49. Pacto de rentas entre capital y trabajo para alcanzar el nivel más alto de participación de los salarios en la renta nacional en el periodo democrático.

50. Plan de estímulo económico orientado a avanzar en la puesta en marcha de nuevas actividades y formas de producción y consumo.

51. Auditoría de la deuda pública y privada para denunciar

los contratos ilegítimos y liberar la carga financiera asociada.

52. Comisión de responsabilidades a nivel español que evalúe el papel de las autoridades que han permitido la burbuja inmobiliaria y el nivel de endeudamiento extremo.

53. Nacionalización de las grandes empresas privatizadas en su día.

54. Incremento de las partidas de gasto social para lograr que España converja en gasto público social por habitante con el promedio de la UE-15 en cinco años.

55. Puesta en marcha de un plan estratégico nacional encaminado a promover la igualdad de género, con especial énfasis en la eliminación de todas las manifestaciones económicas y sociales de la discriminación entre mujeres y hombres, en el fomento de la corresponsabilidad entre ambos y con el objetivo concreto de alcanzar la tasa de actividad femenina media de la Unión Europea de los 15.

Sistema financiero

56. Nacionalización de las cajas de ahorro para financiar la actividad productiva y que sirva de contrapeso a la banca comercial privada y a la banca que haya recibido ayudas por parte del Estado o a la devolución de todas estas. Y creación de una banca pública que garantice la financiación de la economía y la disponibilidad de crédito a empresas y ciudadanos que lo requieran.

57. Impuestos sobre los beneficios extraordinarios de la banca y los activos financieros.

58. Código de comportamiento ético de la banca pública que asegure que todas las inversiones financieras deben ser socialmente responsables.

59. Introducción de coeficientes de caja más altos y de coeficientes de inversión.

60. Promoción de las instituciones financieras de nuevo tipo vinculadas a las finanzas personales, a los mercados locales y a la microfinanciación.

MODELO DE PRODUCCIÓN Y CONSUMO

61. Plan estratégico de redefinición del modelo productivo basado en la promoción del mercado interno y la demanda doméstica y que a corto plazo potencie los sectores de las energías renovables y el reciclado del sector de la construcción en la recuperación de viviendas y el Estado social.
62. Modelo de crecimiento orientado al mercado interno basado en altos salarios y elevado gasto público.
63. Fomento de la agricultura ecológica y de la producción de bienes y servicios de proximidad.
64. Nuevo modelo de transporte público que priorice el desplazamiento de la mayoría de la población (cercanías, autobuses, etcétera) sobre el transporte minoritario, caro y poco eficiente (AVE).
65. Promoción del empleo local fomentando la creación de cooperativas de agricultores y de vendedores de materias primas, que permitan distribuir localmente sus productos y eliminando así de forma progresiva el peso de los intermediarios.
66. Acercar los lugares de consumo y producción, acabar con la cultura del "centro comercial" y ayudar financieramente a los pequeños comercios.
67. Democratización de las empresas, introduciendo modelos de cogestión donde sindicatos y trabajadores estén en los consejos de dirección de las empresas.

DESARROLLO EMPRESARIAL Y DEL EMPRENDIMIENTO

68. Garantizar la financiación de las pequeñas y medianas empresas a través de la banca pública.

69. Nuevo horario laboral que permita mejorar las condiciones laborales y humanas de los trabajadores, incrementando la productividad en las empresas.
70. Mejorar los trámites burocráticos, facilitando y agilizando los procesos de creación de pequeñas y medianas empresas.

FISCALIDAD

71. Incrementar la progresividad de los impuestos sobre la renta y los beneficios, con nuevos tramos y tipos más altos y recuperación de nuevos impuestos que graven la riqueza, como el impuesto del patrimonio o el de sucesiones, con tramos exentos para centrarlos en los niveles más elevados de riqueza.
72. Igualar la fiscalidad que soportan las rentas del capital a la del trabajo.
73. Incremento de los presupuestos técnicos de Hacienda y de las partidas destinadas a prevenir y controlar el fraude fiscal que permitan aumentar las inspecciones fiscales y de trabajo a las empresas, en especial a las más grandes.
74. Acabar con los privilegios financieros de la Iglesia y utilizar ese ahorro en la educación pública y laica.
75. Individualización total del IRPF con la eliminación de todas las desgravaciones por esposa dependiente en la forma actual (declaración conjunta) o en cualquier otra posible.

CREACIÓN DE EMPLEO Y DERECHOS LABORALES

76. Derogación de la reforma laboral y paralización de todos los proyectos de reforma que prosigan la filosofía del neoliberalismo.
77. Aumento del salario mínimo a niveles equiparables a los de los países europeos con un PIB similar.
78. Reducción progresiva del abanico salarial mediante polí-

ticas fiscales y de negociación en el seno de las empresas para lograr que la diferencia entre los extremos no supere la relación 4 a 1.

79. Aumento de las prestaciones por desempleo.
80. Prohibición de los despidos en empresas con beneficios.
81. Reparto del tiempo de trabajo y disminución de la jornada laboral.
82. Fortalecimiento de las normas de corresponsabilidad entre mujeres y hombres, y de conciliación entre la vida personal y laboral.
83. Asunción del objetivo de permisos de maternidad y paternidad iguales e intransferibles con la misma parte obligatoria para el padre que para la madre y el establecimiento de una hoja de ruta hasta su plena consecución.
84. Plan de austeridad pública que respete los derechos laborales y sociales.

DERECHOS SOCIALES

85. Fomento de la vivienda en alquiler social, usando el excedente de viviendas vacías en posesión de las entidades financieras.
86. Derogación del art. 18 del Proyecto de Ley de Dependencia y de las extensiones de las excedencias para el cuidado previstas en el proyecto de Ley de Igualdad para que las prestaciones o desgravaciones para el cuidado no estén, en ningún caso, condicionadas a la inactividad laboral en la persona cuidadora.
87. Paralización de los expedientes de desahucios, aceptación de la dación en pago voluntaria y creación de comisiones de arbitraje para evitar la pérdida de las viviendas por razones sobrevenidas.
88. Reducción del gasto militar en un 35% en tres años.
89. Incremento del número de empleados públicos, especialmente en los servicios del Estado de Bienestar, hasta alcanzar el promedio de la Unión Europea de los 15.

90. Reforma del sistema público de pensiones a través de estímulos a la economía, financiación vía impuestos, reducción de la vida laboral y el fin de los incentivos fiscales a los planes privados de pensiones.
91. Eliminación del retraso de la edad de jubilación de 65 a 67 años.
92. Desarrollo del cuarto pilar del bienestar (que debería incluir tanto los servicios de atención domiciliaria a las personas con dependencia como el derecho de acceso a las escuelas de infancia de 0 a 3 años) hasta alcanzar los niveles de cobertura promedios de los países de la UE-15 en 5 años con el objetivo de lograr los indicadores actuales de los países nórdicos en 10 años.

EDUCACIÓN

93. Plan de choque para aumentar el número y la atención de las escuelas infantiles.
94. Fin del régimen de concertación con la enseñanza privada.
95. Aumento del gasto en educación hasta alcanzar la media europea en todas las comunidades autónomas.
96. Plan de choque para el mejoramiento de la condición laboral y social de maestros y profesores.
97. Plan de choque para la mejora de las enseñanzas de bachillerato y formación profesional y para combatir el fracaso y el abandono escolar en esos niveles.
98. Financiación pública de la universidad en los niveles existentes en la Unión Europea de los 15.
99. Reforma de la ley de universidades y de la forma en que se han aplicado las normad del Sistema Europeo de Enseñanza Superior para asegurar que el servicio público de la educación superior se oriente fundamentalmente a la promoción del conocimiento que satisface necesidades sociales.
100. Normas que garanticen que en los planes de estudios de economía se introduce un estudio serio, riguroso y plu-

ral de las diferentes corrientes de pensamiento y no solo el pensamiento neoliberal.

101. Planes de choque para el mejoramiento de la condición laboral y social de maestros y profesores.

102. Incremento de la financiación dedicada a la investigación científica hasta alcanzar el promedio de la Unión Europea de los 15.

103. Plan urgente para dignificar la actividad y el salario de los investigadores jóvenes para recuperar talentos que actualmente se encuentran fuera de España e insertarlos en el sistema español de ciencia y tecnología.

104. Plan de estímulo de la investigación y la innovación en el seno de las empresas privadas vinculando y condicionando otros tipo de ayudas y subvenciones al desarrollo de actividades de esta naturaleza.

Política

105. Nuevas normas para fortalecer los procedimientos de evaluación y control del gasto público sometiéndolo a principios de austeridad y ejemplaridad que impliquen mejoras en la provisión de los bienes y servicios públicos.

106. Permitir y facilitar la participación ciudadana en el conocimiento y control de la gestión del dinero público y de los servicios públicos.

107. Estatuto de la comunicación social que garantice la pluralidad de los medios de comunicación e impida la concentración de poder en ellos y fomente medios de comunicación alternativos a través de difusión pública.

108. Garantizar que los medios públicos de información presenten la pluralidad ideológica existente a la población a la que tales medios sirven, y condicionar las ayudas públicas a los medios privados así como su reconocimiento legal a su compromiso con la diversidad ideológica.

109. Establecer como responsabilidad pública la defensa del consumidor de bienes y servicios privados, así como del

usuario de los servicios públicos que garanticen la calidad y seguridad de todos los bienes y servicios.

110. Control exhaustivo de la clase política a través de la introducción de criterios de eficiencia en la administración pública y mejorar su funcionamiento a través de la aplicación de nuevas tecnologías y procesos de transparencia. Y democratización de los partidos políticos potenciando la responsabilidad de los cargos electos ante sus electores en lugar de ante las élites gobernantes en los partidos.

111. Ley que garantice la absoluta transparencia en la financiación de los partidos políticos y que prohíba las contribuciones privadas en el proceso electoral. Y leyes que prohíban la rotación entre cargos políticos o de funcionarios con responsabilidades reguladoras, por un lado, y los sectores regulados, por otro, impidiendo que los primeros puedan ser contratados antes de cinco años por los segundos.

112. Incentivar las formas directas de participación ciudadana y establecer referendos vinculantes a nivel local, autonómico y central. Creación de una autoridad pública independiente que al final de las legislaturas muestre el grado de cumplimiento de los programas electorales.

113. Basar el sistema democrático en el principio de que el voto de cada persona es igual independientemente de su residencia en cualquier lugar del país y facilitar que la capacidad de decisión de los ciudadanos sea la misma.

114. Reforma de la Constitución que redefina los niveles de autoridad y responsabilidad en los distintos niveles del Estado para garantizar la igualdad efectiva de todos los ciudadanos y ciudadanas.

115. Reforma constitucional que haga que todos los cargos públicos que tengan función de representatividad sean electos y que impida el carácter heredable de los puestos representativos.

Adoración Guamán y Héctor Illueca
El huracán neoliberal
Una reforma laboral contra el Trabajo

Daniel Bensaïd
La sonrisa del fantasma
Cuando el descontento recorre el mundo

Roberto Viciano y otros
Por una asamblea constituyente
Una solución democrática a la crisis

Josep Maria Antentas y Esther Vivas
Planeta indignado
Ocupando el futuro

Harold Laski
Los peligros de la obediencia

Michael Oakeshott
La actitud conservadora

Paul Barry Clarke
Ser ciudadano, conciencia y praxis

Georg Simmel
El pobre

Slavoj Zizek
En defensa de la intolerancia

Condorcet
¿Es conveniente engañar al pueblo?

Boaventura Sousa Santos
Reinventar la democracia, reinventar el Estado

Karl Marx
Las crisis del capitalismo

Jonathan Swift
El arte de la mentira política

Juan Torres y Alberto Garzón
La crisis de las hipotecas basura

Georg Simmel
El conflicto, sociología del antagonismo